LA FI
REY SALOMON

La Sabiduría Oculta del Eclesiastés

Martin Stendal

RANSOM PRESS INTERNATIONAL

La Filosofía del REY SALOMÓN – Martín Stendal
Todos los derechos reservados © 2019
Segunda edición publicada en el año 2019
The Philosophy of KING SOLOMON - por Russell M. Stendal
Todos los derechos reservados. Ninguna parte de este libro puede ser reproducida o almacenada en sistemas de recuperación o transmitida en cualquier forma o por cualquier medio-mecánico, electrónico, fotocopiado, grabado o de cualquier otra forma
sin el permiso escrito del autor.
Las citas de las Escrituras son tomadas de la Biblia del Jubileo®.
Derechos reservados © 2000 por Russell M. Stendal.
Usada con permiso. Todos los derechos reservados.
Diseño de carátula: Natalia Hawthorne
(BookCoverLabs.com)
eBook Icon: Icons Vector/Shutterstock
Editores: Bronwen Jorel and Sheila Wilkinson
Traductor: José Nicolás Rincón
Diseño y Diagramación: Martha Cecilia Jaramillo Rincón
La Habana Marzo, 2016

Paperback ISBN: 978-0-931221-74-3
eBook ISBN: 978-0-931221-59-0
10 9 8 7 6 5 4 3 2 1

Contenido

Introducción
El Predicador 9
Vanidad y aflicción de espíritu 31
Todo tiene su tiempo 45
¿Hay consuelo para los oprimidos? 57
El sacrificio de los locos 67
La mujer más amarga que la muerte 79
Para toda voluntad hay tiempo y juicio 95
El tiempo malo 103
El que mudare las piedras 115
Echa tu pan sobre las aguas 123
Epílogo
Sobre el Autor

Vanidad de vanidades, dijo el Predicador; vanidad de vanidades, todo es vanidad.

¿Qué provecho tiene el hombre de todo su trabajo con que se afana debajo del sol?

Eclesiastés 1:2-3

Introducción

Durante los últimos tres años y medio en mi papel como misionero, habiendo hecho amistad y acompañado a muchos de los hombres y mujeres que fueron enviados a la ciudad de la Habana, Cuba, para negociar el fin de un conflicto por más de cincuenta y dos años en Colombia (el más largo en la historia de este continente). Fuimos junto con Albert Luepnitz, Fernando Torres y otros colaboradores y sentimos un imperativo para hacer todo lo posible para ver los corazones y las mentes transformados por el poder del amor de Dios y que esta es la única manera de detener la matanza en Colombia.

En realidad este ha sido un intenso tiempo de análisis profundo y de un examen de conciencia para todos los involucrados. Mientras los acuerdos han sido elaborados cuidadosamente teniendo en cuenta la comisión para la verdad y la reconciliación, la reforma agraria, el fin del narcotráfico, la reparación y restitución de víctimas, y la justicia transicional aceptable para la comunidad internacional. También hay una agenda política que se interesa por el desarme, de cómo garantizar la no repetición de cualquiera de las cosas terribles que han sucedido durante el largo transcurso de esta guerra y de la reincorporación civil de la guerrilla, (FARC) de vuelta a la sociedad colombiana como un movimiento político pacífico.

Mientras Colombia puede entrar en esta nueva fase de transición del "post-conflicto" siento que es muy importante para todos nosotros tener en cuenta el siguiente mensaje del libro del Eclesiastés. El rey Salomón, heredó una máxima oportunidad de post-conflicto de su padre David. De esta manera se hizo historia (aproximadamente 1000 A.C.) y pasó a ser como la Edad de Oro de Israel; pero Salomón, con toda su reconocida sabiduría, cometió serios errores y eventualmente cayó en tan terrible apostasía que su reino fue dividido y entró en una peligrosa espiral de muerte de decaimiento y destrucción final.

Se encuentran brillantes respuestas a preguntas filosóficas sempiternas y referencias detalladas al plan de redención de Dios relacionadas con la primera y la segunda venida de Jesucristo a lo largo y ancho de los escritos inspirados de Salomón, quien vivió hace más de quinientos años antes de Platón, Sócrates o Aristóteles. En este tiempo presente de tormenta política mundial y de conflicto sin precedentes, el pueblo de los Estados Unidos, junto con Israel, la Iglesia y el mundo entero también harían bien en aprender en serio esta lección de corazón.

Quienes no conocen esta historia la pueden leer en 1 de Reyes, capítulos 1-12 y en 2 libro de Crónicas, capítulos 1-10, en las Sagradas Escrituras.

Al final de todas nuestras realizaciones y logros humanos aparentemente sublimes, el veredicto final será como las palabras de Salomón, ¿que todo lo que hemos trabajado arduamente es vanidad de vanidades y aflicción de espíritu?

Capítulo 1

El Predicador

Eclesiastés 1

Palabras del Predicador, hijo de David, rey en Jerusalén.

Eclesiastés significa, el predicador. Salomón fue un hijo de David y escribió el libro de Eclesiastés hacia el final de su reinado como rey en Jerusalén. Salomón significa, ofrenda de paz. Jesucristo es el verdadero cumplimiento de la ofrenda de paz y de todas las profecías acerca de el hijo de David. Bajo la unción del Espíritu Santo, toda la Escritura es inspirada por Dios; este sermón escrito por Salomón no solo envía un mensaje a todo el mundo que ha vivido en los pasados tres milenios, sino que al mismo tiempo contiene un mensaje profundo del corazón de Dios; con un detalle asombroso, es profético para el tiempo del fin (actual).

Hace treinta y tres años, mientras estuve secuestrado por la guerrilla y atado a un árbol en las selvas de Colombia durante cinco meses, el Señor empezó a revelarme porciones de este libro del Eclesiastés, mientras me mostraba que este es un mensaje clave para las personas intelectuales (y para todos, en especial la gente joven) en nuestra hora presente. Él ha añadido porciones y partes durante todo este tiempo.

Oswald Chambers (1874-1917) decía: "es imposible salir de la confusión por el uso de la razón; solamente podemos salir de la confusión por medio de la obediencia".

(De la obra clásica: En Pos de lo Supremo, My Utmost for His Highest,

Es por caminar paso a paso en la obediencia con Dios en medio de muchas pruebas y tribulaciones (junto con su gracia abrumadora) que he llegado a un entendimiento más claro de este sermón. En verdad, la bendición de Dios me ha alcanzado desde atrás (Deuteronomio 28:1, 2).

¿Qué estaba predicando el predicador?

Después del espectacular éxito intelectual y material de Salomón, no se sintió realizado o satisfecho.

2 *Vanidad de vanidades, dijo el Predicador; vanidad de vanidades, todo es vanidad.*

3 *¿Qué provecho tiene el hombre de todo su trabajo con que se afana debajo del sol?*

4 *Generación va, y generación viene; mas la tierra siempre permanece.*

5 *Y sale el sol, y se pone el sol, y con deseo retorna a su lugar donde vuelve a nacer.*

6 *El viento va al mediodía, y rodea al norte; va rodeando de continuo, y por sus rodeos vuelve el viento de nuevo hasta completar su ciclo.*

7 *Los ríos todos van al mar, y el mar no se llena; al lugar de donde los ríos vinieron, allí vuelven para correr de nuevo.*

EL PREDICADOR

> 8 *Todas las cosas andan en trabajo más de lo que el hombre pueda decir; los ojos nunca se sacian de ver, ni los oídos de oír.*

Salomón tuvo la oportunidad de experimentar abundante sabiduría y prosperidad: la prosperidad de este mundo; y la sabiduría en cuanto a algunas de las cosas de Dios.

Él se metió en problemas al excederse y al estar íntimamente unido con las mujeres paganas y la adoración de sus deidades paganas sanguinarias, pues, él debió haberlas dejado solas. Él obtuvo mucha más riqueza e influencia que cualquier persona normal. De hecho, él mismo declaró que sería muy difícil que alguien pudiera repetir lo que él ya había hecho.

Aunque Salomón hizo todo lo que quiso, no estaba satisfecho.

Él dijo que todo era vanidad de vanidades. Vanidad quiere decir que no tiene valor alguno. Él dijo:

> 3 *¿Qué provecho tiene el hombre de todo su trabajo con que afana debajo del sol?*

En las Escrituras el sol es símbolo de la atracción de este mundo. Muchos en la antigüedad adoraban el sol. Dios llama a esto hacer abominación (Ezequiel 8:16-17). El mundo debajo del sol no está necesariamente sometido a Dios. El dios (o luz) de este mundo no es el Dios que creó los cielos y la tierra. Por tanto, cada labor del hombre debajo del sol es vanidad y no producirá nada de valor eterno o ganancia.

Salomón cuestionó los resultados de todo el trabajo del hombre debajo del sol. Él llegó a esta conclusión después de grandes logros y aparentes obras que fueron las maravillas de su mundo contemporáneo.

Otra ocasión es el caso de Daniel y sus tres amigos que fueron llevados cautivos y resultaron llevando la administración de Babilonia a la cima de su imperio; las Escrituras ni siquiera mencionan las obras que ellos dirigieron; fueron obras de una magnitud similar a aquellas de Salomón.

El libro de Daniel solo registra lo que Dios estaba haciendo en medio de toda la agitación y aturdimiento de la actividad humana. Lo que se registró en el Libro de Dios fue la sabiduría y la revelación profética que Dios le dio a Daniel.

Salomón reconoció que el trabajo del hombre no puede realmente producir algo nuevo debajo del sol.

4 *Generación va, y generación viene; mas la tierra siempre permanece.*

En el más alto sentido, esta es la generación de Adán que pasa y la generación de Cristo que viene (Mateo 1:1-17, Lucas 3:23-37).

Jesús dijo: El cielo y la tierra pasarán (Mateo 24:35). Aquí en el Eclesiastés y en cualquier otra parte de las Escrituras declaran explícitamente que la tierra permanece para siempre. De manera similar, cuando describimos a los amigos y seres queridos como habiendo fallecido cuando mueren, no creemos que ellos dejaron de existir; más bien una transformación ha tenido lugar en sus almas porque han pasado al ámbito de la eternidad, en la presencia de Dios (2 Corintios 5:7) o dentro de los confines del Seol (Hades en Griego) en espera del juicio final (Apocalipsis 20:11-15).

Nada de esto era muy claro en el tiempo de Salomón. De hecho, los intelectuales conocidos como los saduceos, en el tiempo de Jesús, no creían en la resurrección o en la vida después de la muerte (Mateo 22:23), aunque ellos tenían el canon completo del Antiguo Testamento. Siguen habiendo muchos "Saduceos" modernos hoy.

Jesús dijo: Bienaventurados los mansos; porque ellos recibirán la tierra por heredad (Mateo 5:5). Él nos enseñó a orar: Sea hecha tu voluntad, como en el cielo, así también en la tierra (Mateo 6:10).

También es claro en las Escrituras que los elementos de este mundo vendrán definitivamente a un fin, y que aquellos que pertenecen a Jesucristo serán transformados por la resurrección y vivirán en una nueva creación en la cual los cielos y la tierra también serán transformados después de haber sido juzgados por fuego (Gálatas 4:3; 2 Pedro 3:10).

Las obras del hombre no sobrevivirán el juicio. Solo el trabajo de Dios permanecerá. Dios desea realizar su obra en y a través de nosotros.

En el magnífico templo construido por Salomón de acuerdo a los planos revelados por Dios a su padre David, había un patio exterior que contenía el altar y un mar de bronce que estaba al aire libre debajo del sol. El patio interior o lugar Santo del templo estaba iluminado por diez candeleros de oro y separados por un velo del Lugar Santísimo que estaba iluminado por la gloria de la presencia de Dios.

Aun Salomón, como rey de Israel, no le era permitido entrar en el Lugar Santo (mucho menos al Lugar Santísimo) donde solamente los sacerdotes de la línea de Aarón podían ministrar. A él le fue permitido estar de pie junto a una de las dos columnas localizadas a cada lado del pórtico conduciendo a la entrada del Lugar Santo durante las ceremonias importantes. Estos pilares eran de treinta y cinco codos de longitud y la cabeza de cada pilar tenía cien granadas (simbolizando el plan de Dios de gracia hacia el hombre para producir el fruto del Espíritu). La columna de la derecha se llamó Jaquim, {Heb. el SEÑOR establece}, y a la de la izquierda, Boaz, {Heb. Solo en él hay fortaleza} (2 Crónicas 3:17).

El Lugar Santo simboliza la Edad de la Gracia (Edad de la Iglesia) en la que hay un sacerdocio de todos los creyentes nacidos de nuevo, que ministran a la luz del candelero (que contiene 66 figuras de oro simbolizando los 66 libros de las Escrituras, la Palabra escrita de Dios, a la luz del Espíritu Santo) y sustentada por la mesa del pan (que simboliza el cuerpo de Cristo partido por nosotros) y donde tenemos acceso al trono de Dios (en el Lugar Santísimo) por medio del altar de oro del incienso (simbolizando las oraciones del pueblo limpio de Dios) que los sacerdotes podrían alcanzar extendiendo su mano a través del velo.

Salomón (y la mayoría durante la Edad de la Ley) fue excluido de este ámbito. Él estaba confinado al patio exterior debajo del sol.

Dios está proveyendo un reemplazo para la luz del sol de este mundo. Dios le predijo y prometió que, más a vosotros los que teméis mi Nombre, nacerá el Sol de justicia... (Malaquías 4:2).

El sol de este mundo no puede traer nada nuevo. El Sol de justicia lo cambia todo. En su presencia y luz podemos tener un nuevo comienzo y ser transformados en nuevas criaturas. La plenitud de su presencia con el tiempo, va a transformar los cielos y la tierra (Apocalipsis 20:11; 21:1).

EL VIENTO DEL ESPÍRITU

> 6 *El viento va al mediodía, y rodea al norte; va rodeando de continuo, y por sus rodeos vuelve el viento de nuevo hasta completar su ciclo.*

Los puntos cardinales de la brújula son simbólicos:

El sur es llamado el sol del mediodía y puede hablar de la máxima expresión o el favor de las posibilidades aquí debajo del sol, así como guardan relación con el pueblo de Dios.

El norte es llamado por el viento frío del norte que podría congelar todo y destruir las cosechas.

La palabra para viento puede ser la misma que la palabra para espíritu y también puede ser traducida aliento.

El Espíritu de Dios sopla sobre su pueblo para bendecirlos (viento del sur). Entonces hay un ciclo cuando el "viento" sopla desde el norte y favorece a los que aparentemente no son el pueblo de Dios.

El favor de Dios sopló sobre Israel y la Iglesia, hasta que en medio de la prosperidad ellos llegaron a ser orgullosos y arrogantes y volvieron sus espaldas al Señor. Entonces, el viento comenzó a soplar a favor de los enemigos como Babilonia, desde el norte hasta que un déspota como Nabucodonosor fue tocado profundamente y convertido. La Iglesia ha experimentado tiempos similares.

6 ... *va rodeando de continuo, y por sus rodeos vuelve el viento de nuevo hasta completar su ciclo.*

Luego eventualmente, en los tiempos y estaciones de Dios el viento vuelve de nuevo y sopla desde el sur.

¿Qué sucedió en la era del Nuevo Testamento?

La gloria de la iglesia primitiva quedó atrás hasta que la iglesia institucional empezó a perseguir y matar a los Cristianos auténticos. Después de un tiempo, los bárbaros estaban a la puerta incendiando Roma. Luego, los Vikingos fueron la pesadilla de las ciudades "cristianas" de Europa. Entonces, después de los exitosos empeños misioneros, las naciones escandinavas llegaron a ser países modelos.

Durante la edad de la Iglesia, el viento ha soplado desde todas las direcciones, mientras Dios en su sabiduría, hace las cosas muy diferentes de lo que los intelectuales "sabios" de ese mundo piensan. En los siglos pasados el viento de Dios ha bendecido grandemente el mundo de habla inglesa. Ahora la sociedad de habla inglesa está en serios problemas. Ellos han vuelto sus espaldas a Dios y ha llegado a estar fríos.

Esto se ha intensificado grandemente en los últimos cien años y continúa acelerándose a un ritmo aterrador.

Toda la economía mundial del occidente está ahora en serios

problemas. La deuda va para arriba como en una progresión geométrica. Los bancos centrales están perdiendo el control. Los tratados de comercio mundiales, creados para prevenir las guerras y los conflictos, en lugar de eso, establecen paso para el conflicto global.

¿Por qué estoy diciendo todo esto?

Nosotros vivimos en Colombia. Este país hasta ahora no ha sido un líder mundial. Muchas de las noticias que salen de Colombia han sido extremadamente negativas. Sin embargo, en el ciclo de los vientos del Espíritu de Dios, Colombia ha sido escogida para que tenga mayor bendición en forma creciente.

El viento del Espíritu que sopló sobre Inglaterra hace doscientos cincuenta años, que sopló sobre los Estados Unidos de Norteamérica hace doscientos años; la bendición de Dios que ha sido ignorada o rechazada en los últimos cien años en las grandes naciones de habla inglesa, ha empezado a soplar en una dirección diferente. Sí, todavía hay mucha gente noble e inocente en los Estados Unidos, pero la nación está dando sus espaldas a Dios.

¿Qué pasaría si el viento de Dios fuera a soplar con toda su fuerza sobre Colombia y el mundo de habla hispana?

Esto podría suceder porque Dios no hace acepción de personas.

Lo que Dios hizo con John Wesley y George Whitefield en Londres, en 1750, lo que hizo en Gales a finales del siglo 20, lo que él hizo en la Calle Azuza en 1908, lo que él hizo en el reavivamiento de Canadá en 1948 y así sucesivamente, podría suceder de nuevo en el medio de habla hispana y con un potencial aún mayor en el mundo entero.

El año 1967 fue de gran cumplimiento profético y Dios no dejó a Colombia por fuera. Colombia empezó a tener una trayectoria espiritual nueva y diferente. Después de mucha confusión, después de siglos de opresión, y en medio del permanente escalamiento y la casi omnipresente corrupción, el Espíritu de Dios ha estado soplando más y más sobre Colombia.

Al parecer, a la sombra, en algunos de los lugares más recónditos, y bajo condiciones sumamente adversas, Dios está trayendo personas a la madurez en Cristo, sustentándolas con la Palabra de Dios. Estamos empezando a ver los resultados; pronto veremos si lo que Dios está haciendo será apreciado y reconocido; veremos si toda la nación cambiará el rumbo. Varias naciones de habla hispana, entre ellas Cuba y Venezuela, pronto pueden llegar a un cruce similar de caminos.

La única manera que puede haber buena tierra, para que la semilla de la Palabra de Dios pueda caer en buena tierra (Mateo 13:8), es si llegamos a ser buena tierra. Esto solamente sucederá si deseamos que Dios remueva la maldición de nosotros, y si Dios decide responder a nuestra oración.

La remoción de la maldición, a fin de que todo no sea más vanidad, es doloroso. Se necesita la limpieza por el fuego de Dios. La maldición no saldrá por arte de magia. La maldición solamente sale de cada corazón cuando permitamos a nuestro Padre Dios, disciplinarnos y corregirnos. Debemos someternos a los tratos de Dios. Si no permitimos que el fuego de Dios nos limpie, no es posible disfrutar la plenitud de la bendición de Dios.

Salomón alcanzó gran riqueza, poder y prosperidad sin tener que sufrir. Fue su padre David quien había sido perseguido y purificado en el desierto antes de recibir el reino.

Sin embargo, Salomón fue el que admitió otra clase de aflicción. Aunque su nombre significa Ofrenda de Paz, él fue incapaz de encontrar paz con toda la sabiduría sin precedentes, la riqueza, el poder y la autoridad que recibió.

Él pasó la mayor parte de su vida afanándose a través de la arquitectura de grandeza en todo su esplendor sin precedentes, solo para darse cuenta hacia el final de su vida, que todo esto era vanidad de vanidades. Su excelente e insuperable conocimiento intelectual sin precedentes, junto con todo lo que él ordenó y construyó con su fabulosa riqueza, no pudo darle paz a su alma. En vez de eso, él fue plagado con lo que él llamó, aflicción de espíritu.

La paz solo procede de un vínculo directo con la presencia del Señor. La paz solamente puede ser mantenida mientras estemos en buena conciencia ante Dios. Con el fin de que esto suceda, debemos tratar con el pecado y la culpa. Debemos convertirnos en una Ofrenda viva de Paz. Esto tomaba un buen tiempo para ser claro a Salomón, mientras luchaba con pensamientos e ideas comunes a muchos intelectuales debajo del sol.

El camino de la cruz, el camino por el que Jesús nos redimió a todos nosotros, era para llevarnos a la última Ofrenda de Paz. Esto es solamente después del ejemplo y sacrificio de Jesús que las enseñanzas del Antiguo Testamento y la tipología realmente toman sentido.

Romanos 11

36 porque de él, y por él, y en él son todas las cosas. A él sea la gloria por los siglos. Amén.

Romanos 12

1 Así que, hermanos, os ruego por las misericordias de Dios, que presentéis vuestros cuerpos en sacrificio vivo, santo, agradable a Dios, que es vuestro racional culto.

2 Y no os conforméis a este siglo; mas transformaos por la renovación de vuestra alma, para que experimentéis cuál sea la buena voluntad de Dios, agradable y perfecta.

EL RÍO DE DIOS

Eclesiastés 1

7 Los ríos todos van al mar,...

Las Escrituras comparan el Evangelio a la Palabra que fluye como el agua.

Lo que Dios dice, fluye como un río

En el principio, el río de Dios salió de Edén para regar el huerto, y de allí se repartía en cuatro brazos (Génesis 2:10). Este era alimentado por el rocío porque en aquel entonces nunca había llovido. El huerto entero era buena tierra porque no había ninguna maldición. (Nota: Vea el libro: El Río de Dios, de MARTÍN Stendal, ANEKO PRESS.)

En los días de Salomón la sabiduría de Dios, según lo registrado por hombres como Moisés y David fluía de Israel al "mar" de todas las naciones gentiles que había en sus alrededores.

7 Los ríos todos van al mar, y el mar no se llena;...

Dios todavía está dirigiendo su río hasta el mar de la humanidad perdida. Algunas veces podemos perder la paciencia y pensar como Salomón que todo es vanidad y que la palabra de Dios, no tendrá ningún efecto en el mar.

Sin embargo, las Escrituras son claras: la Palabra de Dios no regresará vacía (Isaías 55:11).

7 Los ríos todos van al mar, y el mar no se llena; al lugar de donde los ríos vinieron, allí vuelven para correr de nuevo.

Salomón, incluso sin la ayuda de la ciencia moderna, sabía que toda el agua de todos los ríos que desembocan en el mar, debía finalmente volver a su fuente y continuar fluyendo.

La Palabra de Dios continúa fluyendo y fluyendo hasta que

esta cause el efecto deseado. El hombre puede contaminar los ríos, pero los ríos van al mar. Esta palabra de Dios es para aquellos que escogen responder al llamado de Dios.

La única manera para que la Palabra, el agua, regrese a su fuente es que esta debe cambiar su estado. Esta debe convertirse en vapor de agua pura. Esta es la única manera para que regrese a las montañas que son la fuente. En el tiempo de Salomón esto era un completo misterio.

Jesús es la Palabra del Dios viviente. Él fue enviado desde lo alto, se hizo carne y murió por todos nosotros en el mar de la humanidad perdida, de manera que pudiéramos recibir la vida de Dios por el Espíritu. Jesús regresó a su Padre después de realizar la obra de la redención. La Palabra enviada por el Padre no vuelve vacía.

Hay mucho, mucho más que se pudiera decir acerca de este ciclo de ríos que desembocan en el mar. Algunas veces el agua está congelada y se bloquea en capas de hielo o glaciares por miles de años, esperando el tiempo cuando el hielo se derretirá y las aguas serán liberadas.

Dios ha dicho cosas hace miles de años que parecen estar congeladas y que serán liberadas en su tiempo apropiado. En el libro de el Apocalipsis se mencionan siete copas de oro, llenas de la ira de Dios, que contienen las oraciones del pueblo de Dios durante milenios que repentinamente serán liberadas como juicios de Dios en el tiempo del fin del mundo como lo sabemos, (Apocalipsis 5:8, 15:7).

Hay una palabra que fluye primero sobre la "tierra", sobre el pueblo de Dios y finalmente llega hasta el mar de la humanidad perdida.

En la tierra de Israel, el río Jordán desemboca en el Mar Muerto. Los minerales y contaminantes son tan concentrados que no puede haber peces u otra compleja vida marina. El agua limitada desde el Jordán es incapaz de cambiar este balance mortífero. Jordán significa, fluyendo hacia abajo y es símbolo de la muerte.

Dios promete cambiar el río de la muerte en un río limpio de agua de vida, resplandeciente como el cristal, que salía del trono de Dios y del Cordero (Apocalipsis 22:1). Cuando esto suceda no habrá más mar (Apocalipsis 21:10). No habrá más, ningún mar perdido de la humanidad.

Mientras la Palabra de Dios continúa fluyendo hacia el mar, aquellos que no desean responder tendrán esa opción, pero la vida seguirá fluyendo desde la presencia de Dios en y a través de las vidas de todos aquellos que le respondan a él hasta que su voluntad sea completamente realizada.

Lugares como Colombia que en tiempos pasados no tuvieron mucha oportunidad de recibir la palabra limpia del Señor, tendrán esta oportunidad. No fueron los peregrinos que llegaron, fueron los brutales conquistadores españoles sedientos de sangre, sacados de las prisiones de España con la Inquisición Española pisándoles los talones. Ellos estaban buscando riquezas, oro, mujeres y esclavos en vez de la libertad de expresión religiosa.

Los ríos continuarán fluyendo hacia el mar hasta que los propósitos de Dios sean completamente realizados. El mundo de habla española, no será la excepción. Dios está concediendo una nueva oportunidad para que las aguas que antes fueron parte del mar contaminado de la humanidad perdida tenga un cambio purificador de estado y entre en el plan y propósito de Dios por el Espíritu, de manera que Dios pueda llenar cada alma con su presencia y enviarlos saturados con su Palabra en el desierto estéril de la religión, la política y la economía, controlados por el hombre y en el mar de los que están perdidos, aguantando el agua de la palabra de su vida.

8 *Todas las cosas andan en trabajo más de lo que el*

*hombre pueda decir; los ojos nunca se sacian de ver,
ni los oídos de oír.*

La obra de trabajo del hombre es complicada. Literalmente no hay fin de las cosas para ver y oír. Jesús habló a aquellos que tenían oídos para oír y ojos para ver por el Espíritu lo que Dios está diciendo y haciendo.

*9 ¿Qué es lo que fue? Lo mismo que será. ¿Qué es lo
que ha sido hecho? Lo mismo que se hará; y nada
hay nuevo debajo del sol.*

El hombre parece incapaz de aprender de los errores del pasado.

No hay cosa nueva debajo del sol, solo diversas repeticiones del pasado.

Dios, sin embargo, tiene un nuevo sol, el Sol de Justicia trayendo sanidad en sus alas que aun conducirán a un nuevo cielo y una nueva tierra.

*10 ¿Hay algo de que se pueda decir: ¿He aquí esto es
nuevo? Ya fue en los siglos que nos han precedido.*

En el contexto de su sermón, Salomón se refiere a logros intelectuales y no a la tecnología. Los pensamientos del hombre natural no pueden escapar del pasado.

*11 No hay memoria de los primeros, ni tampoco
de los postreros habrá memoria en los que serán
después.*

Esto es lo que pensaba Salomón. Ha habido muchos intelectuales como él. Él no cambió su opinión hasta el final de este libro.

12 Yo el Predicador fui rey sobre Israel en Jerusalén.

13 Y di mi corazón a inquirir y buscar con sabiduría sobre todo lo que se hace debajo del cielo (este

*penoso trabajo dio Dios a los hijos de los hombres,
en que se ocupen).*

¿Cuántas personas se han sentado como reyes sobre el pueblo de Dios aquí sobre la tierra?

¿A qué le han cedido sus corazones? A buscar y hacer inquisición… y buscar a fondo sabiduría.

¿Cuántos libros y bibliotecas están llenos con obras de personas como esta?

Salomón por lo menos se dio cuenta al comienzo de su libro que en un nivel humano toda su sabiduría y entendimiento y realizaciones eran solamente vanidad de vanidades.

*14 Yo miré todas las obras que se hacen debajo del
sol; y he aquí todo ello es vanidad y aflicción de
espíritu.*

Aquellos que están ocupados construyendo afanosamente sus propios reinos en el Nombre de Dios, aquellos que están fundando instituciones en el Nombre de Dios; aquellos que están torciendo el brazo y tomando ofrendas, haciendo sus propias instalaciones y desarrollando franquicias, todos reclaman:

Eso está totalmente a favor de Dios y ellos son siervos o administradores.

Salomón tenía mucho más que cualquiera de ellos. Él tenía un templo construido a partir de los planos que Dios mismo le había dado a su padre David. Fueron gastados más recursos en este templo que lo que la mayoría de los predicadores de la prosperidad pueden concebir el día de hoy. Sin embargo, ¿quién está dispuesto a considerar el sabio consejo de Salomón?

*14 Yo miré todas las obras que se hacen debajo del
sol; y he aquí, todo ello es vanidad y aflicción de
espíritu.*

¿Qué acerca de todas las cosas que hacemos por nuestra propia cuenta en el Nombre de Dios?

Si no desistimos de toda esta vanidad y aflicción de espíritu, es difícil para el Señor trabajar en nosotros y a través de nosotros.

Hubo una larga línea de reyes descendientes de Salomón. Las Escrituras declaran que algunos pusieron sus corazones para seguir a Dios y otros no lo hicieron. Sin embargo, ninguno de ellos, dejó de hacer cosas por su propia cuenta. Todo esto llegó a un triste final llamado la cautividad Babilónica. Babilonia significa confusión.

Mire esto:

15 *Lo torcido no se puede enderezar; y lo falto no puede contarse.*

La naturaleza de Adán no puede enderezarse. El viejo hombre no puede ser rehabilitado. Siempre habrá algo que falta que no puede ser contado. El hombre natural aún no está consciente de todo lo que se ha perdido mientras la raza humana continúa degenerándose.

Aquellos que usan los dones y ministerios de Dios para buscar la ganancia personal y la prosperidad de este mundo, creen que lo torcido no se puede enderezar. Ellos pueden "confesar" sus pecados, pero nunca parecen arrepentirse verdaderamente. El arrepentimiento es un cambio completo de sentido del rumbo. Por tanto, ellos no creen que es posible caminar en victoria sobre la carne, el mundo y el Diablo. Ellos no creen que el corazón humano puede alcanzar la perfección. Esto es verdad acerca de todos aquellos que espiritualmente permanecen en el patio exterior del templo debajo del sol.

Su mensaje podría ser resumido como:

Únase a nosotros para hacer grandes y maravillosas obras aquí sobre la tierra y esto cesará su culpa porque el hombre debe pecar de palabra, pensamiento, acción y por omisión cada día.

Venga y confiese sus pecados a diario, pague sus diezmos, y asista a ritos y rituales religiosos sin fin, porque eso que está torcido no puede ser enderezado y no hay nada nuevo debajo del sol.

La luz de la sabiduría de este mundo es así, pero el Señor dice que su nuevo día puede comenzar dentro de nosotros. Que antes del nuevo día prometido que viene con el Sol de Justicia, el Lucero de la Mañana puede brillar e iluminar en cada uno de nuestros corazones con la luz y presencia continua de Jesucristo (Proverbios 4:18, 2 Pedro 1:19). Esto es cuando los ríos de agua de vida empezarán a fluir desde nuestro ser interior dentro del desierto espiritual alrededor de nosotros. Cuando llegamos a ser parte del hombre nuevo en Cristo, las viejas reglas acerca de lo que sucede debajo del sol de este mundo, ya no se aplican. Este es el comienzo de la cosa nueva que Isaías profetizó:

Isaías 43

> 19 *He aquí que yo hago cosa nueva; presto saldrá a luz; ¿no la conoceréis? Otra vez pondré camino en el desierto, y ríos en la soledad.*

INSENSATEZ Y LOCURA

Aquellos que se centran en su propio corazón nunca podrán escapar de la insensatez y la locura. Ellos siempre se colocarán a sí mismos (su grupo, el ministerio, la denominación o la afiliación política) en el centro de su universo. Aquellos que tienen el corazón de Jesús son conscientes que él es el centro del universo.

Eclesiastés 1

> 16 *Hablé yo con mi corazón, diciendo: He aquí yo me he engrandecido, y he crecido en sabiduría sobre*

todos los que fueron antes de mí en Jerusalén; y mi corazón ha percibido mucha sabiduría y ciencia.

Este no es el camino de su padre, David; mucho menos el camino de Jesucristo quien dijo que el más grande en el Reino de Dios es el siervo más pequeño de todos y el que se humillare será exaltado.

17 Y di mi corazón a conocer la sabiduría, y la ciencia; y las locuras y los desvaríos conocí al fin que aun esto era aflicción de espíritu.

Me pregunto:

¿Los grandes predicadores de la prosperidad que reclaman tener las más grandes y maravillosas iglesias y reclaman ser los apóstoles sobre todos los demás porque sobresalen en sabiduría y conocimiento también sobresalen en insensatez y locura?

De hecho, ellos parecen incapaces de desistir o incluso de contener su insensatez y locura. Un poco de levadura, leuda toda la masa. Los desvaríos en el viejo sentido de la palabra es el equivalente de demencia o chifladura.

El plan de Dios no es la rehabilitación de la naturaleza caída de Adán en cada uno de nosotros. El plan de Dios no es equipar nuestra naturaleza adámica con gran sabiduría y conocimiento en nuestra condición humana.

El plan de Dios es para matar al hombre viejo de modo que por el Espíritu de Dios, Jesucristo pueda vivir y reinar en cada uno de nuestros corazones.

Salomón no entendió hasta que fue casi demasiado tarde. Todo su arduo trabajo estaba perdido; cerca del final de su vida, él vio que todo era vanidad de vanidades. Salomón parece haberse salvado con poco o nada (en términos del tesoro celestial) para mostrar por lo que él había vivido.

1 Corintios 3

11 *Porque nadie puede poner otro fundamento que el que está puesto, el cual es Jesús, el Cristo.*

12 *Y si alguno edificare sobre este fundamento oro, plata, piedras preciosas, madera, heno, hojarasca;*

13 *La obra de cada uno será manifestada, porque el día la declarará; porque por el fuego será manifestada; y la obra de cada uno cual sea, el fuego hará la prueba.*

14 *Si permaneciera la obra de alguno que prosiguió el edificio, recibirá el salario.*

15 *Mas si la obra de alguno fuere quemada, será pérdida; él empero será salvo, mas así como pasado por fuego.*

Dios desea para los intelectuales y para aquellos que buscan la prosperidad de este mundo que sean salvos. Con el propósito que esto suceda, sin embargo, por lo menos ellos deben estar sobre el fundamento correcto (el cual es Jesucristo en vez del humanismo). Sin embargo, sería muy triste si ellos fueran salvos solo por fuego como Salomón. Escuche esto:

Eclesiastés 1

18 *Porque en la mucha sabiduría hay mucha tristeza; y quien añade ciencia, añade dolor.*

Piense en los muchos Institutos de Teología y del más alto nivel de aprendizaje donde el gozo del Espíritu Santo no está fluyendo y donde el cuerpo estudiantil y facultad parecen ajustarse a ese cuadro. Lugares donde la medida de éxito parece ser los elementos de este mundo corrupto. Ellos parecen pensar si este es el caso que Dios los está bendiciendo. Aun aquellos que se enorgullecen en no codiciar ganancia personal pueden deleitarse en todo evento social de gala y atavíos de los grandes imperios religiosos y seculares que ellos ayudan a construir.

Aquellos que se colocan a sí mismos bajo la poderosa mano de Dios para recibir la corrección del Padre Dios, tal vez, al menos al principio parecen no prosperar de acuerdo a la manera que este mundo mide el éxito. Las cosas realmente pueden cerrarse herméticamente hasta que el Señor limpie sus corazones. Aun con corazones limpios y mientras Dios empieza a bendecirlos y darles recursos las cosas permanecerán apretadas.

¿Sabe usted por qué?

Incluso cuando una persona con un corazón para Dios reciba más de las cosas de este mundo, ellos también tienen una percepción mucho mayor de los problemas y necesidades de aquellos que le rodean. Sus corazones sentirán dolor de aquellos que están en problemas, de modo que ellos puedan compartir más y más y seguir viviendo en un presupuesto apretado de modo que ellos puedan invertir en el tesoro celestial. Dios observa esto.

Debemos aprender a depender de cada palabra que procede de la boca de Dios (Deuteronomio 8:3; Mateo 4:4).

Este es el único camino, la única manera.

El Señor está por traer un cambio radical. Él pronto derribará los reinos de este mundo porque su reino opera sobre una base completamente diferente. Cada reino construido por el hombre finalmente caerá.

Oremos:

Padre Celestial:

Que podamos aprender de los errores de otros, de manera que no sigamos en el mismo error. Que podamos ser librados de los tentáculos de este mundo debajo del sol de modo que seamos sustentados e iluminados por su Palabra viva. Amén.

LA FILOSOFÍA DEL REY SALOMÓN

Capítulo 2

Vanidad y aflicción de espíritu

Salomón recibió una tremenda herencia de su padre David. Él fue escogido por Dios para construir el templo. Su reino fue conocido como la edad de oro de Israel. Ningún rey antes o después ni siquiera llegó a acercarse a esto. Pero mire lo que él registra aquí:

Eclesiastés 2

> 1 *Dije yo también en mi corazón: Ven ahora, te probaré con alegría, y gozarás de bienes. Mas he aquí esto también era vanidad.*
>
> 2 *A la risa dije: Enloqueces; y al placer: ¿De qué sirve esto?*
>
> 3 *Propuse en mi corazón agasajar mi carne con vino, y que mi corazón anduviera en sabiduría, y retuviera la locura, hasta ver cuál fuera el bien de los hijos de los hombres, en el cual se ocuparan debajo del cielo todos los días de su vida.*
>
> 4 *Engrandecí mis obras, edifiqué para mí casas, planté para mis viñas;*

5 *me hice huertos y jardines, y planté en ellos árboles de todos los frutos.*

6 *Me hice estanques de aguas, para regar de ellos el bosque donde crecían los árboles.*

7 *Poseí siervos y siervas, y tuve hijos de familia; también tuve posesión grande de vacas y ovejas, sobre todos los que fueron antes de mí en Jerusalén.*

8 *Amontoné también plata y oro, y tesoro preciado de reyes y de provincias; me hice de cantores y cantoras, y todos los deleites de los hijos de los hombres, instrumentos músicos y de todas suertes.*

9 *Y fui engrandecido, y aumentado más que todos los que fueron antes de mí en Jerusalén; a más de esto perseveró conmigo mi sabiduría.*

10 *No negué a mis ojos ninguna cosa que desearan, ni aparté mi corazón de placer alguno, porque mi corazón gozó de todo mi trabajo; y esta fue mi parte de toda mi faena.*

11 *Al fin miré yo todas las obras que habían hecho mis manos, y el trabajo que tomé para hacerlas; y he aquí, todo vanidad y aflicción de espíritu, y sin provecho debajo del sol.*

El rey David atravesó por muchas pruebas y tribulaciones. Él estuvo en muchas batallas difíciles. Salomón recibió el reino en paz. Salomón no sabía guerrear porque no la conoció. Algunas de sus obras probablemente no se han igualado hasta hoy en día.

Salomón, sin embargo, es también símbolo de otra época y edad

Es seguro decir que en la historia del mundo, nunca ha habido un tiempo de una prosperidad tan grande como actualmente está siendo disfrutado por los Estados Unidos y el mundo occidental. En el mundo religioso las obras que el hombre ha hecho en nombre de Dios están por encima y más allá de cualquier realización anterior.

No solo inmensas catedrales, templos y mezquitas, sino además gigantescas fortalezas de las iglesias evangélicas.

¿Cuándo en la historia hemos visto cosas similares?

Iglesias con su propia flota de buses para traer la gente; iglesias con cajeros automáticos; ujieres con procesadores de tarjetas de crédito patrullando los pasillos; cafeterías de comidas rápidas en el vestíbulo; y parques de diversiones bajo el mismo techo para niños y jóvenes salpican el paisaje. Cada tipo de comercio religioso incluyendo eventos de modas, viajes por el mundo, libros, películas, CDs, DVDs, planes de jubilación; incluso planes para los funerales.

¿Qué dice Salomón acerca de todas las cosas sobresalientes que él logró?

11 *...y he aquí, todo vanidad y aflicción de espíritu, y sin provecho debajo del sol.*

No obstante, con todas las bendiciones que Dios pueda derramar sobre nosotros, la prueba de la prosperidad sigue siendo una prueba mucho más grande que la adversidad. Como está registrado en las Escrituras, la gran mayoría del pueblo de Dios que disfrutaron de la prosperidad rápidamente se apartaron del Señor y solamente regresaron a él en momentos de gran adversidad.

¿Cómo está Colombia desempeñándose a este respecto?

Las grandes ciudades son similares en muchos aspectos a los Estados Unidos. Algunas de las grandes iglesias están derrochando en los mismos excesos que sus homólogos en Norteamérica.

Sin embargo, donde hay problemas, donde las cosas están muy apretadas, donde no es fácil; aquí es donde muchas personas están abiertas y el Señor los está despertando espiritualmente para levantarlos.

Las Escrituras son claras: todas las vírgenes eventualmente serán despertadas. Tenga presente que en la profecía de la Biblia, las mujeres pueden representar congregaciones enteras o aun denominaciones.

Aquellas que son insensatas también serán despertadas antes del fin; desafortunadamente, para muchas, será demasiado tarde. Para el tiempo que ellas finalmente despierten será demasiado tarde para que se establezca una conexión con la fuente necesaria del aceite (la unción de una íntima relación con Dios) para prevenir que sus lámparas se apaguen (Mateo 25:5-12).

Hay otro aspecto para esta lección más importante:

En medio de su participación en la prosperidad material sin precedentes del mundo que los rodea, muchos piensan que su éxito es obtener las cosas de este mundo; es el equivalente del sello de aprobación de Dios sobre ellos y sobre su conducta. Este no es necesariamente el caso. Cuando Dios bendice milagrosamente y nos prospera como individuos o en el ministerio, esta es una declaración primordialmente acerca de él y quien es él y no necesariamente un respaldo de aprobación sobre nosotros.

Mi amigo Clayton Sonmore decía que una de los peores juicios que le pueden ocurrir a las personas es cuando Dios concede sus peticiones cuando ellas piden algo errado. Esto es lo que Salomón finalmente descubrió. Tristemente, para el momento en que llegó a sus sentidos las semillas estaban ya sembradas, las que resultarían en la división del reino de

VANIDAD Y AFLICCIÓN DE ESPÍRITU

Israel. La prosperidad acelera la tendencia para las separaciones y divisiones que son la ruina para la iglesia moderna de hoy en día. Bajo la persecución y la adversidad, el pueblo de Dios tiende a permanecer unidos. Fue en el momento de estar en el pináculo de su edad de oro, cuando Israel y Judá se dividieron.

En el libro de el Apocalipsis, el Señor dictó siete cartas a siete congregaciones que son aplicables a todas las iglesias. La séptima carta sobresale excepcionalmente dirigida a la iglesia de los Laodicenses que consideraban ser la iglesia de ellos. Jesús estaba afuera, golpeando para ver si ellos le permitirían entrar (Apocalipsis 3:14-20). Esto es aplicable a muchas iglesias (o congregaciones) que se han ido detrás de la prosperidad de las cosas de este mundo en lugar de buscar primero el Reino de Dios y su justicia (Mateo 6:33).

> 12 *Después volví yo a mirar para ver la sabiduría, y los desvaríos; y la locura (porque ¿qué hombre hay que pueda seguir al rey en lo que ya hicieron?)*

Salomón tuvo que darse vuelta para contemplar todas las cosas aparentemente maravillosas de este mundo que él había obtenido, con el fin de contemplar la sabiduría y ver quiénes eran realmente los verdaderos locos. Salomón, había movilizado ingeniosamente toda la nación para llevar a cabo lo que él pensaba eran grandes obras para Dios y mucho de esto resultó al final haber sido una insensatez.

Hasta el Vaticano palidece en contraste. Salomón cubrió toda la nación de sitios bellos, inmensos y elegantes. El oro utilizado en el templo de Salomón puede haber sido más que el oro almacenado en Fort Knox a la altura del patrón oro. David había reunido vastas riquezas durante sus victoriosas guerras, subyugando a todas las naciones vecinas en preparación para construir el templo. Los paganos habían gastado siglos reuniendo todo el oro que podían conseguir y almacenarlo ante sus ídolos. David lo capturó y lo dedicó para el templo de Salomón.

El tributo anual en curso que llegó desde el extranjero para Salomón fue de seiscientos sesenta y seis talentos de oro por año, una suma fabulosa (2 Crónicas 9:13). Seis es un número relacionado con el hombre. Seiscientos puede significar los planes del hombre. Diez tiene que ver con la ley. Sesenta puede significar las leyes del hombre. Uno tiene que ver con la luz. Seis puede significar la luz del hombre. Cuando los planes del hombre no están plenamente sometidos a Dios, y de acuerdo a las leyes del hombre en su luz humanística, se asocia con el marco y nombre de la bestia que es seiscientos sesenta y seis. Esta marca es obligada a ser colocada en la mano derecha y en la frente de aquellos que adoran la imagen de la bestia (Apocalipsis 13:16-18). Esta marca tiene que ver con la manera de actuar y de pensar del hombre natural quien es realmente una bestia.

13 *Y he visto que la sabiduría sobrepasa a la locura, como la luz a las tinieblas.*

14 *El sabio tiene sus ojos en su cabeza, mas el loco anda en tinieblas. Y también entendí yo que un mismo suceso acaecerá al uno que al otro.*

Independientemente de lo que obtenemos o logramos en esta vida (para bien o para mal) todos estamos destinados a morir y después ser juzgados (Hebreos 9:27).

15 *Entonces dije yo en mi corazón: Como sucederá al loco me sucederá a mí también. ¿Para qué pues he trabajado hasta ahora por hacerme más sabio? Y dije en mi corazón, que también esto era vanidad.*

¿Qué tan sabios podemos

hacernos nosotros mismos?

16 Porque ni del sabio ni del loco habrá memoria para siempre; pues en los días venideros ya todo será olvidado, y también morirá el sabio como el loco.

17 Aborrecí por tanto la vida, porque toda obra que se hace debajo del sol me era fastidiosa; por cuanto todo era vanidad y aflicción de espíritu.

Es obvio que Salomón no estaba prestando atención cuando su padre David entraría repetidamente en el Tabernáculo de David por horas o incluso por días para tener comunión directa con Dios delante del Arca del Pacto. Los planes para el templo fueron revelados a David mientras contemplaba la belleza del Señor (Salmo 27:4).

Salomón aparentemente nunca contempló la belleza del Señor; él solamente recibió los planos para el Templo que su padre le dejó. Él verdaderamente no creyó cuando David le escribió un recordatorio de que el temor del Señor es el principio de la sabiduría y para guardar su corazón, sobre todo lo demás.

Cuando Salomón terminó el templo y los sacerdotes santificados colocaron el Arca del Pacto adentro, la gloria de Dios llenó el Templo con tal intensidad que ninguno podía entrar a ministrar (2 Crónicas 7:3). Por lo tanto, Salomón permaneció afuera. Entrar a la gloria de Dios le hubiera costado su propia vida, pero él hubiera descubierto otro sol, el Sol de justicia. Él habría entrado dentro del ámbito de la nueva creación donde todo llega a ser nuevo. Ahora él finalmente descubrió que permanecer en el ámbito natural es fútil y al final también es fatal.

18 Yo asimismo aborrecí todo mi trabajo que había puesto por obra debajo del sol; el cual dejaré a otro que vendrá después de mí.

Muchas personas talentosas y creativas han llegado a la misma conclusión. Algunos hasta han cometido suicidio.

Con toda su supuesta sabiduría, muchas de las obras de Salomón fueron hechas directamente en contra de la palabra del Señor.
Los reyes de Israel no tenían que hacer las cosas a la manera de Egipto para multiplicar caballos, ni iban a multiplicar esposas, para sí, tampoco iban a multiplicar plata u oro para ganancia personal (Deuteronomio 17:14-20).

Salomón empezó con la hija del Faraón y no solo pasó a obtener un millar de mujeres, sino a construir santuarios, templos y lugares altos a sus dioses paganos demoníacos que permanecieron como una piedra de tropiezo en Israel por más de cuatrocientos años.

Los reyes de Israel no debían a confiar en carros de hierro o en caballos. Salomón construyó caballerizas para los miles de caballos y tuvo centenares de carros de hierro. Él aun suministró caballos y carros de Egipto a la mayoría de sus vecinos.

Por fin, él pareció entender que: ¿de qué aprovechará al hombre si ganare todo el mundo y perdiere su alma?

> 18 *Yo asimismo aborrecí todo mi trabajo que había puesto por obra debajo del sol; el cual dejaré a otro que vendrá después de mí.*
>
> 19 *¿Y quién sabe si será sabio, o loco, el que se enseñoreará de todo mi trabajo en que me hice sabio debajo del sol? Esto también es vanidad.*

Muchos líderes talentosos eventualmente van llegando a la misma conclusión. Después de años de ponerse a formar a un consorcio gigante, después de haber obtenido muchos millones de dólares, después que han agotado su genio organizando y controlando un gran imperio surge la misma pregunta.

¿Quién será el heredero? ¿A quién lo dejarán? ¿Qué sucederá cuando ellos se hayan ido?

¿Cuál será el valor eterno en todo su arduo trabajo?

¿Cuál es el valor eterno de congregar grandes multitudes y de construir las más grandes y mejores instalaciones si ningún fruto de justicia está siendo producido porque su pueblo no está realmente llegando a la madurez en Cristo?

Ellos han estado diciéndole a las personas que desean riquezas terrenales que si ellos se sacrifican dándoles dinero a Dios, él lo multiplicará hasta el cien por ciento. O han estado poniendo bajo sentimientos de culpa a las personas describiendo los pobres, necesitados, oprimidos y perseguidos que su ministerio se especializa en ayudar o evangelizar cuando la mayor parte de su presupuesto entra para recaudar dinero, pagando a profesionales financieros, y sosteniendo una gran oficina central llena de profesionales de soporte informático y mediático.

De otra parte, si ellos fueran a decir:

¿Quién desea ser un mártir por la causa del Evangelio?

No muchos responderían.

> 20 *Volvió, por tanto, a desesperanzarse mi corazón acerca de todo el trabajo en que trabajé, y en que me hice sabio debajo del sol.*

Trabajar debajo del sol de este mundo es una cosa. Trabajar para el Sol de Justicia es muy diferente.

> 21 *¡Que el hombre trabaje con sabiduría, y con ciencia, y con rectitud, y que haya de dar su hacienda a hombre que nunca trabajó en ello! También es esto vanidad y mal grande.*

Salomón continúa teniendo una opinión extremadamente alta de sí mismo, reforzado por su éxito sin precedente debajo del sol.

Él continúa convencido que ha hecho todo esto honestamente

con gran sabiduría y conocimiento y rectitud. Pero él todavía está ciego a las consecuencias de todas las mujeres, caballos, los carros, el oro y la plata que él procuró en contra de la voluntad de Dios. Él todavía piensa que todas las grandes obras que realizó debería estar aseguradas para toda la posteridad y que sería vanidad y grande mal dejar todo esto a alguien que no ha trabajado por esto como él lo hizo.

El equivalente del día moderno de todo esto es congregaciones, franquicias, y la maquinaria religiosa y secular en general (carros de hierro) jalados por caballos (por las personas obrando en la carne).

Si el templo de Salomón acabó ni con una piedra encima de la otra, ¿qué acerca del Vaticano? ¿Qué acerca de todos los vaticanos más pequeños que abundan?

¿En qué manos caerán y cuáles serán las maniobras de poder y de intriga? ¿Cuánto tiempo durarán?

La prosperidad de este mundo en tal magnitud (aun en el nombre del Señor) es un blanco facilísimo para aquellos que les gustaría hacer una toma hostil. Si esto no es posible, siempre habrá aquellos buscando tomar lo que puedan poco a poco.

En vez de pastores queriendo dar sus vidas por las ovejas, hay aquellos que son expertos en esquilar a las ovejas. En muchos lugares, los lobos están en la nómina de tiempo completo. Salomón está ahora considerando y sin duda, reflexionando acerca de cómo gastar su tiempo y los recursos de su reino.

Mire al problema:

Si gastamos nuestro tiempo como verdaderos siervos del Señor y de su pueblo, mientras Dios cambia cada corazón, y cuando estas personas empiezan a producir el fruto de justicia (del carácter de Dios), el amor de Dios fluye por el Espíritu y nadie puede reprimirlo o quitarlo. Entonces, no hay herencia ni legado mundano porqué preocuparse. Todos los resultados van directamente al granero celestial de Dios y nunca habrá pérdida.

VANIDAD Y AFLICCIÓN DE ESPÍRITU

¿Quién podría posiblemente aspirar a tener más en este mundo que Salomón?

Ninguno.

Salomón describió todo lo que él trabajó como vanidad y aflicción de espíritu.

Sin embargo, muchos nunca han aprendido esta lección.

> 22 *Porque ¿qué tiene el hombre de todo su trabajo, y fatiga de su corazón, en que él trabajó debajo del sol?*

Las Escrituras son claras al decir que solamente la obra realizada por Dios es eterna.

El Señor todavía está tocando a la puerta de los corazones y de las instituciones corporales de su pueblo, esperando que ellos abrirán la puerta de manera que él pueda purificar sus corazones y corregir la raíz de nuestro problema.

Si le permitimos al Señor trabajar en nuestros corazones, después que él ha conformado nuestros corazones a sus deseos, entonces él también puede trabajar a través de nosotros y los resultados son eternos. Él puede multiplicar su vida y tocar a otros.

Cuando el hombre en su sabiduría (debajo del sol) hace las cosas al revés, mire lo que sucede:

> 23 *Porque todos sus días no son sino dolores, y sus ocupaciones molestias; aun de noche su corazón no reposa. Esto también es vanidad.*

> 24 *No hay cosa mejor para el hombre sino que coma y beba, y que su alma vea el bien de su trabajo. También he visto que esto es de la mano de Dios.*

El único trabajo que vale la pena hacer, tiene que ver con la mano de Dios. Dios desea colocar su mano sobre nosotros. Él puede empezar trayéndonos a la triste realidad de que todo lo que hemos hecho aparte de él es vanidad. Solo la comida y la bebida provistas por el Padre Dios puede verdaderamente sustentar y satisfacer nuestra alma y espíritu.

25 *Porque ¿quién comerá, y quién se cuidará, mejor que yo?*

Jesús dijo: Bienaventurados los que tienen hambre y sed de justicia (o rectitud), porque ellos serán saciados (Mateo 5:6). Esta puede ser la razón que él también dijo: He aquí más que Salomón en este lugar (Mateo 12:42).

26 *Porque al hombre que es bueno delante de Dios, él le da sabiduría y ciencia y alegría, mas al pecador le dio la ocupación de que recoja y amontone, para que dé al bueno delante de él. También esto es vanidad y aflicción de espíritu.*

Aún después que le fue dada la administración de todas las riquezas que su padre David, conquistó de todos los imperios paganos, Salomón tuvo dificultad para entender el verdadero motivo por el que estamos aquí. Al final, él entendió, tarde en su vida después que había gastado la mayor parte de su vida plantando las cosas equivocadas.

Todas las necedades de Salomón están escritas en el libro de los Reyes (probablemente acumuladas por escribas en el palacio). Es interesante notar, sin embargo, que la apostasía de Salomón no está registrada en el libro de crónicas (probablemente escrito por profetas o por sacerdotes en el templo). Los dos relatos están ambos en las Escrituras, pero escritos desde diferentes puntos de vista. El pecado de David no aparece tampoco en las Crónicas de Dios. El pecado de Saúl si lo está.

Salomón salió limpio en el libro de Crónicas porque cuando Dios perdona, él no recuerda nuestros pecados y transgresiones. Si bien parece que Salomón se salvó al final; el Reino de

Israel fue dividido y gradualmente fue de mal en peor después de su muerte.

¿Dónde están las obras de Salomón?

Ni siquiera es conocido lo que sucedió con el Arca del Pacto. La última vez que fue mencionada aproximadamente en el tiempo de la visita de la Reina de Sabá cuando Salomón consta en los registros, haberle dado todo lo que fuera que ella deseara. Nada quedó del Templo de Salomón aún después que fuera reconstruido por lo menos en dos ocasiones.

No pienso que pudiéramos tener un mejor ejemplo de por qué no colocar nuestra atención y enfoque tras las cosas de este mundo. Jesús dijo que si buscamos primero el Reino de Dios y su justicia, que todas estas cosas nos serían añadidas.

De esta manera podemos evitar el camino de la vanidad, la aflicción de espíritu y todo lo que Salomón sufrió en medio de la más grande prosperidad imaginables aquí en este mundo.

Jesús dijo que nuestro corazón estará donde esté nuestro tesoro. Tenemos la oportunidad, –si el Espíritu nos guía– de invertir nuestro tiempo y recursos en las cosas que tienen valor eterno.

Oremos:

Señor:

Te damos gracias que hoy estamos vivos y por las oportunidades que tenemos para invertir sabiamente nuestro tiempo y recursos de acuerdo a la dirección de su Espíritu, de manera que a tu regreso podamos ser hallados haciendo tu voluntad. Amén.

LA FILOSOFÍA DEL REY SALOMÓN

Capítulo 3

Todo tiene su tiempo

Eclesiastés 3

1 *Para todas las cosas hay sazón, y toda voluntad debajo del cielo, tiene su tiempo determinado:*

2 *Tiempo de nacer, y tiempo de morir; tiempo de plantar, y tiempo de arrancar lo plantado;*

3 *tiempo de matar y tiempo de curar; tiempo de destruir, y tiempo de edificar;*

4 *tiempo de llorar, y tiempo de reír; tiempo de endechar, y tiempo de bailar;*

5 *tiempo de esparcir las piedras, y tiempo de juntar las piedras; tiempo de abrazar, y tiempo de alejarse de abrazar;*

6 *tiempo de buscar, y tiempo de perder; tiempo de guardar, y tiempo de desechar;*

7 *tiempo de romper, y tiempo de coser; tiempo de callar, y tiempo de hablar;*

8 *tiempo de amar, y tiempo de aborrecer; tiempo de guerra, y tiempo de paz.*

Todas las cosas tienen su tiempo o sazón. Esto incluye toda voluntad debajo del cielo.

Dios hizo al hombre un poco menor que los ángeles. Jesús dejó su trono en las alturas y vino aquí a esta tierra debajo del cielo.

Las Escrituras describen una guerra en los cielos en la que el Diablo y sus ángeles son expulsados del cielo y arrojados y derribados en tierra (Apocalipsis 12:7-9).

1 Para todas las cosas hay sazón, y toda voluntad debajo del cielo, tiene su tiempo determinado.

El Diablo pensó que podría reemplazar a Dios. Él pensó que cuando instigó la caída de Adán y Eva, de manera que no tendrían dominio sobre él, y con la rebelión de la tercera parte de los ángeles que lo siguieron a él, que sería capaz de prevalecer en los cielos. Esto, sin embargo, no es que sea así; y cada voluntad debajo de los cielos tiene su tiempo determinado. Satanás y sus ángeles pronto serán derribados de los cielos a la tierra (Apocalipsis 12:12).

Las Escrituras, sin embargo, mencionan algunos misterios: Hay el misterio de iniquidad (2 Tesalonicenses 2:7) y hay también el misterio de la piedad (1 Timoteo 3:16).

Si el Diablo hubiera sabido lo que Dios sabe probablemente no hubiera hecho lo que hizo. Debajo del cielo hay un tiempo de nacer y tiempo de morir. El Diablo no tiene ninguna pista en cuanto al plan de Dios para la redención de la humanidad.

2 Tiempo de nacer, y tiempo de morir; tiempo de plantar, y tiempo de arrancar lo plantado.

Jesús dejó los cielos, nació en la tierra como hombre, y por su voluntad dio su vida por nosotros. De que Jesús iba a ser esto es completamente ajeno a como piensa el Diablo. Jesús se describió a sí mismo como una semilla que caería en tierra y moriría de manera que pudiera ser multiplicada. Así es como

Dios decidió multiplicar la calidad de vida de Jesús a personas como nosotros.

Mire las consecuencias que el Diablo no tuvo en cuenta:

Él nunca pensó que Jesús llegaría a ser hombre y morir. Entonces, cuando Jesús vino, el Diablo intentó matarlo (o que lo mataran) de tal manera que pudiera retenerlo en el Hades por medio de la muerte. Sin embargo, Jesús, quebrantó el poder de la muerte y le arrebató al Diablo las llaves de la muerte y del Hades (Apocalipsis 1:18).

Es posible morir como consecuencia de la desobediencia, el pecado y la rebelión; pero Jesús estaba sin pecado y murió por obediencia a su Padre. Así es como venció la muerte. La muerte y la resurrección de Jesús abrió el camino para enviarnos el Espíritu Santo para que pudiéramos caminar en su victoria. Por el Espíritu, podemos hacer morir las obras de la carne y vivir (Romanos 8:13). Por el Espíritu, y reconciliados con Dios por medio de la muerte de Jesús; todo lo que el Diablo plantó en nosotros puede ser arrancado.

> 3 *tiempo de matar, y tiempo de curar; tiempo de destruir, y tiempo de edificar;*

Jesús se sometió a la muerte de manera que pudiéramos ser sanados. El plan de Dios es matar el viejo hombre (la vieja naturaleza) con que nacemos y sanar nuestras almas con la vida de Cristo (Salmo 23:3). Esto causa un golpe mortal al ámbito de la oscuridad de Satanás. Mientras la obra del Diablo es destruida, el Reino de Dios es edificado.

> 4 *tiempo de llorar, y tiempo de reír; tiempo de endechar, y tiempo de bailar;*

Jesús dijo: Bienaventurados los que ahora lloráis, porque reiréis (Lucas 6:21). Bienaventurados los que lloran, porque ellos recibirán consolación (Mateo 5:4). Si sufrimos con Cristo reinaremos con él, si permitimos que Dios trate con nuestra naturaleza humana caída, podemos llorar al principio, pero seremos consolados. El consolador es el Espíritu Santo. Cuando el hijo pródigo se arrepintió y regresó a su casa, se escucharon la sinfonía y las danzas (Lucas 15:25).

> 5 *tiempo de esparcir las piedras, y tiempo de juntar las piedras; tiempo de abrazar, y tiempo de alejarse de abrazar.*

Todas las piedras del Templo de Salomón fueron derribadas en su totalidad, hasta que ni una sola piedra fue dejada una sobre la otra, de acuerdo a la palabra de Jesús (Mateo 24:1, 2). Por otra parte, Jesús prometió que son edificados aquellos que lo siguen como piedras vivas en una casa espiritual para ser parte del templo eterno no hecho de manos (1 Pedro 2:5). Si en verdad abrazamos a Jesús, también debemos estar dispuestos a desechar todo lo que no le gusta en nuestras vidas.

> 6 *tiempo de buscar, y tiempo de perder; tiempo de guardar, y tiempo de desechar;*

Ahora, somos comisionados para buscar a los perdidos y nos alienta a perder nuestra propia vida, de modo que podamos descubrir nuestra existencia en Él. Vamos a seguir la sabiduría de arriba y desecharemos la insensatez.

> 7 *tiempo de romper, y tiempo de coser; tiempo de callar, y tiempo de hablar;*

Dios le dijo a Salomón que él rompería su reino, porque no había guardado el pacto de Dios (1 Reyes 11:11). Cuando se nos da una severa advertencia como esta, Dios dice que: romped vuestro corazón, y no vuestros vestidos; y convertíos al SEÑOR vuestro Dios; porque misericordioso es y clemente, tardo para la ira, y grande en misericordia, y que se arrepiente del castigo

(Joel 2:13). Job dijo que había cosido tela de cilicio sobre su piel, en símbolo de arrepentimiento (Job 16:15).

Fue cuando Job se quedó sin palabras y guardó silencio que Dios habló y se le reveló (Job 31:40, 38:1, 42:1-6).

> 8 *tiempo de amar, y tiempo de aborrecer; tiempo de guerra, y tiempo de paz.*

El Señor Jesús nos amó primero. Ahora, él desea que nosotros amemos a Dios y que nos amemos los unos a los otros. Con el fin de hacer esto, debemos tener un cambio de corazón. Cuando el amor de Dios fluye en nuestros corazones también odiaremos el mal que Dios aborrece.

Por lo tanto, hay un tiempo de guerra, seguido por un tiempo de paz, mientras aprendemos a vencer el mal con el bien por el Espíritu. La verdadera paz es impuesta por la presencia y el poder de Dios.

> 9 *¿Qué provecho tiene el que trabaja en lo que trabaja?*

¿Qué provecho sacaremos de nuestras buenas obras? ¿Qué provecho sacó Salomón de sus grandes obras?

Sin embargo, si permitimos al Señor hacer su obra en, y a través de nosotros, los resultados serán diferentes. Nuestro propio trabajo, incluso con las mejores intenciones, solo será temporal, en cambio, su obra en, y a través de nosotros es para siempre, es eterna.

¿Dónde dedicaremos nuestro tiempo y recursos?

> 10 *Yo he visto la ocupación que Dios ha dado a los hijos de los hombres para que en ella se ocuparan.*

Salomón sabía acerca del esfuerzo del trabajo.

2 Crónicas 2

2 *Y contó Salomón setenta mil hombres que llevaran cargas, y ochenta mil hombres que cortaran en el monte, y tres mil seiscientos que los gobernaran.*

Salomón usó el trabajo forzado para construir el templo.

Por otra parte Jesús dijo: Mi yugo es fácil, y ligera mi carga (Mateo 11:30).

Efesios 2

10 *Porque somos hechura suya, creados en Cristo Jesús para buenas obras, las cuales Dios preparó para que andemos en ellas.*

Las buenas obras preparadas por Dios para que andemos en ellas, producirán resultados eternos, tal como el fruto de Espíritu Santo (Gálatas 5:22, 23, Efesios 5:9, 10). El Señor puede entonces, multiplicar esto, porque la semilla está en el fruto.

Eclesiastés 3

11 *Todo lo hizo hermoso en su tiempo; y aun el mundo les entregó a su voluntad, de tal manera que no alcance el hombre esta obra de Dios desde el principio hasta el fin.*

El mundo es entregado a la voluntad del hombre. Sin embargo, no hay comparación entre los logros de los hombres en el mundo y la obra creativa de Dios.

12 *Yo he conocido que no hay mejor para ellos, que alegrarse, y hacer bien en su vida.*

La única manera para que nosotros hagamos en verdad lo bueno, es en su vida (en la vida de Dios). Esta es la única manera en la cual estaremos siempre realizados y satisfechos. Esta es la única manera en que podremos regocijarnos de manera espontánea.

> 13 *Y también he conocido que es don de Dios que todo hombre coma y beba, y goce el bien de todo su trabajo.*

Las Escrituras declaran que el hombre no vivirá solo de pan, mas con toda palabra que sale de la boca de Dios vivirá el hombre (Deuteronomio 8:3; Lucas 4:4).

¿Cómo podemos disfrutar del bien de todo nuestro trabajo?

Solo si estamos en la voluntad de Dios; de lo contrario, como Salomón, eventualmente descubriremos que todo es vanidad, y aflicción de espíritu y dolor.

> 14 *He entendido que todo lo que Dios hace, esto será perpetuo; sobre aquello no se añadirá, ni de ello se disminuirá; porque Dios lo hace, para que delante de él teman los hombres.*

Esta es la manera como Dios trabaja. No es la forma en que el hombre trabaja.

¿Dónde desea trabajar Dios?

Él desea efectuar un gran cambio en nuestros corazones y transformar todo nuestro ser. Entonces, él podrá trabajar a través de nosotros y tocar a otros.

> 15 *Aquello que fue, ya es; y lo que será, fue ya; y Dios buscará lo que pasó.*

La Palabra de Vida (desde el principio) es el Señor Jesús (Juan 1:1). Jesús ha sido, y es ahora. Él será y ha sido. Jesús vino como un hombre y regresó a su primera gloria. Las primeras referencias a él estaban veladas, de manera que nadie las pudiera discernir con su propio entendimiento antes de su encarnación. El plan de redención de Dios, era un misterio (aun para los intelectuales geniales como Salomón); hasta que el Espíritu

Santo fue derramado sobre el pueblo de Dios. La semilla ha estado desde el principio, las referencias están allí, las profecías existieron, pero fue una persona poco común que las entendió en ese momento; por cierto el Diablo y sus seguidores nunca entendieron.

> 16 *Vi más debajo del sol: en lugar del juicio, allí la impiedad; y en lugar de la justicia, allí la iniquidad.*
>
> 17 *Y dije yo en mi corazón: Al justo y al impío juzgará Dios; porque hay un tiempo determinado de juzgar a toda voluntad y sobre todo lo que se hace.*

Todo el mundo y toda cosa será juzgada. Cada persona es responsable delante de Dios por todo lo que ha hecho.

El Diablo ha tratado de posicionarse sobre el ámbito de lo que será juzgado, pero el Señor lo juzgará. De hecho, él está actualmente siendo juzgado. El crimen que cometió en relación a Eva es añadido al delito que él cometió contra el Señor Jesús, junto con todo lo que ha hecho contra el pueblo de Dios.

> 18 *Dije en mi corazón, en orden a la condición de los hijos de los hombres, que Dios los puede manifestar, y es para ver que ellos son bestias los unos a los otros.*

Cuando la revelación de Dios resplandece y la luz de Dios penetra nuestra alma, cuando tenemos un encuentro directo con el Señor y podemos ver en su luz, luego todas las mentiras del enemigo vienen a derrumbarse. Esto fue lo que le sucedió al apóstol Pablo. Él había pensado que estaba sirviendo a Dios hasta que el Señor Jesús se le apareció en el camino a Damasco y cayó en tierra ante la luz cegadora del Señor, (Hechos 9:1-9). Esta luz del cielo era tan intensa que sus ojos naturales estaban cegados, pero luego, él fue capaz de ver por el Espíritu, lo que había estado haciendo en realidad era comportándose como una bestia. Entonces, él pudo ver que todas las cosas que había estado haciendo y que pensaba que eran correctas, resultaron ser atroces a los ojos del Señor.

> 19 *Porque el suceso de los hijos de los hombres, y el suceso del animal, el mismo suceso es: como mueren los unos, así mueren los otros; y una misma respiración tienen todos; ni tiene más el hombre que la bestia; porque todo es vanidad.*

La vida biológica que tenemos es de la misma calidad que la de las bestias. Si el hombre tiene un alma muerta y no está en contacto con el Espíritu de Dios, él es realmente una bestia. Si usted no me cree lea los periódicos. Los titulares reportan hechos bestiales uno tras otro. Esto es lo normal para el hombre natural.

> 20 *Todo va a un lugar; todo es hecho del polvo, y todo volverá al mismo polvo.*
>
> 21 *¿Quién sabe que el espíritu de los hijos de los hombres suba arriba, y que el espíritu del animal descienda debajo de la tierra?*

¿Quién sabe?

Salomón no lo sabía.

En el tiempo de Salomón, hubo solo dos casos documentados en las Escrituras donde el espíritu del hombre fue hacia arriba y no hacia abajo, como las bestias. Me estoy refiriendo a Enoc y Moisés y el caso de Moisés no es claro en el Antiguo Testamento sin el respaldo de los Evangelios y el libro de Judas.

Enoc caminó con Dios y no vio la muerte (Hades) porque Dios lo traspuso.

Enoc, sin embargo, está incluido en la lista de los héroes de la fe que murieron (Hebreos 11:13). El hecho de que Enoc no viera la muerte significa que él fue directamente a la presencia de Dios y no estuvo detenido en el Hades como otros patriarcas incluyendo Abraham. Moisés murió obedeciendo a Dios cuando le fue dicho que subiera al monte y muriera. Judas describe una lucha sobre el cuerpo de Moisés (Judas 9), y sabemos que el arcángel Miguel ganó esta contienda con el Diablo porque Moisés estuvo presente en el Monte de la Transfiguración antes de la muerte redentora y la resurrección de Jesucristo. Más tarde, también encontramos el caso de Elías. (Nota: Vea el libro: Elías y Eliseo, Martín Stendal, Aneko Press.)

> 22 *Así que he visto que no hay cosa mejor que alegrarse el hombre con lo que hiciere; porque esta es su parte; porque ¿quién lo llevará para que vea lo que será después de él?*

Salomón con toda su sabiduría debajo del sol, no tenía la respuesta a esto. Él no tenía la revelación disponible para nosotros ahora.

El único que puede darnos esta revelación es el Señor Jesús por medio del Espíritu de Dios. En los días de Salomón el Espíritu de Dios estaba solamente sobre una persona aquí o allá pero no sobre todo el pueblo de Dios. Normalmente la unción era solo sobre los profetas, sacerdotes o reyes que habían preparado sus corazones para seguir al Señor, uno a la vez.

Ahora, después de la obra de la redención de nuestro Señor Jesucristo, el Espíritu de Dios puede estar sobre cualquiera que prepare su corazón para seguir al Señor.

¿Cómo podemos preparar nuestro corazón para seguir al Señor?

Debemos estar dispuestos a recibir la corrección de nuestro Padre Celestial. Aquellos que no reciben la corrección no pueden aprender. Si podemos aprender de los errores de otros, no necesitamos repetir sus errores.

Salomón tuvo que aprender por las malas el difícil camino

después de casarse con cientos de mujeres paganas que contaminaron la atmósfera espiritual en Israel con los ídolos demoníacos y después de hacer muchas otras cosas que el Señor había dicho que no hiciera.

Oremos:

Señor:

Te pedimos que puedas liberarnos y continúa liberándonos de cualquier tendencia de confiar en nosotros mismos. Te pedimos que por tu Espíritu puedas completar la buena obra que has comenzado en nosotros. Te pedimos que nos limpies y continúes limpiándonos de manera que podamos participar en tu obra y desistir de nuestras propias obras. Te pedimos que podamos invertir nuestro tiempo y recursos de acuerdo a tu voluntad de manera que podamos cosechar recompensas eternas en vez de invertir en cosas temporales que eventualmente se perderán. Amén.

LA FILOSOFÍA DEL REY SALOMÓN

Capítulo 4

¿Hay consuelo para los oprimidos?

Eclesiastés 4:

> 1 *Me volví y vi todas las violencias que se hacen debajo del sol; y he aquí las lágrimas de los oprimidos, y que no tienen consolador; y que la fuerza estaba en la mano de sus opresores, y para ellos no había consolador.*
>
> 2 *Y alabé yo a los finados que ya murieron, más que a los vivientes que hasta ahora están vivos.*
>
> 3 *Y tuve por mejor que ellos al que no ha sido aún, porque no ha visto las malas obras que se hacen debajo del sol.*

Observe que la predicación de Salomón parece tener un punto de vista diferente, que casi todo el resto de la Biblia. Hoy en día este tipo de mensaje podría ser etiquetado de izquierda, incluso de extrema izquierda. Sin embargo, como mi amigo Celso Macías es aficionado a señalar que todos nosotros tenemos nuestro corazón al lado izquierdo de nuestro cuerpo.

Aquellos de izquierda están muy enojados con la injusticia que vemos alrededor nuestro en todas partes. Ellos están preocupados por los que están oprimidos. Pero muchas veces, los políticos y los proyectos que se presentan en favor de los oprimidos no solucionan el problema. Algunas veces su remedio puede ser peor que la enfermedad.

Salomón consideró todas estas cosas: la violencia que se hace debajo del sol; las lágrimas de los oprimidos, y que no tienen un consolador.

El Señor Jesús predicó un poco diferente de Salomón, pero usando una terminología similar.

Jesús dijo: Bienaventurados los que lloran, porque ellos recibirán consolación.

Salomón dijo que no hay consolador. Jesús dijo que sí hay. Jesús dijo que después de su muerte el Padre enviaría al consolador, (Juan 14:26). El consolador es el Espíritu Santo, puesto a disposición por la obra redentora del Señor Jesús (Juan 16:7). En la época de Salomón, los oprimidos no tenían consolador.

¿Quiénes son los oprimidos hoy?

Con exactitud casi todo el mundo; hoy todos parecen estar oprimidos en alguna u otra manera.

> 1 ... *y que la fuerza estaba en la mano de sus opresores, y para ellos no había consolador.*

¿Quiénes son los opresores?

Sabemos que el poder en el mundo, está en las manos de Satanás, conocido como el príncipe de este mundo, (Juan 12:31, 14:30, 16:11).

Satanás mantiene y consolida su poder a través del culto a la "bestia". Como vimos en el capítulo anterior, este es otro nombre para el hombre natural sin Dios. Satanás engaña a la humanidad caída para que adoren al hombre en vez de adorar a Dios. Las Escrituras declaran que en el mundo es imposible comprar o vender sin la marca, el nombre o número de la bestia en la mano de la persona o en su frente (Apocalipsis 13:17). Esta marca es principalmente una manera de actuar y de pensar de acuerdo al hombre natural debajo del sol sin Dios. Por tanto, todos aquellos que tienen la marca de la bestia están ocupados oprimiéndose el uno al otro, incluso en medio de su adoración humanística del hombre.

Salomón decía:

> 2 *Y alabé yo a los finados que ya murieron, más que a los vivientes que hasta ahora están vivos.*
>
> 3 *Y tuve por mejor que ellos al que no ha sido aún, porque no ha visto las malas obras que se hacen debajo del sol.*

Las cosas estaban tan mal desde el punto de vista de Salomón que la vida no valía la pena vivirla. Él no era optimista. Con todo lo que tenía, con todo lo que hizo, y con toda su sabiduría, Salomón estaba en una tormenta mientras llegó a la conclusión que nada de esto en realidad lo había satisfecho.

Salomón tuvo mucho en común con aquellos de la extrema izquierda de hoy que desean corregir la injusticia social mientras ellos perciben violencia y opresión por aquí y por allá. Ellos miran las lágrimas de los oprimidos, pero parecen incapaces de resolver el problema. Cuando ellos están en el poder, a veces, parecen hacer más daño que bien.

> 4 *He visto asimismo que todo trabajo y toda rectitud de obras mueve la envidia del hombre contra su prójimo. También esto es vanidad y aflicción de espíritu.*

Algunas veces recibimos oposición y enemigos gratuitos de donde nunca imaginábamos que vendrían. Si vamos a un vecindario pobre y ayudamos a una familia pobre y oprimida hasta que ellos están a sus pies:

¿Sabe lo que inevitablemente sucederá?

Los vecinos pronto llegarán a estar consumidos por la envidia contra esa familia y en contra de nosotros. Salomón estaba consciente de esto y por eso fue que dijo:

5 *El loco dobla sus manos y come su misma carne.*

El loco llega a estar tan consumido por la envidia que se consume a sí mismo.

Cuando el Señor nos ayuda o envía a alguien a ayudarnos a resolver nuestros problemas, este no es el momento para cruzar nuestras manos y no hacer nada o excedernos almacenando cosas para nosotros mismos. Cuando el Señor endereza nuestro camino y nos bendice, él desea ver si extenderemos la mano y damos a otros una ayuda. Esta es la única manera de vencer la envidia que nos rodea si Dios empieza a bendecirnos en realidad.

Vamos a vencer con el bien el mal (Romanos 12:21). Es necesario hacer esto con mucha más intensidad que lo que imaginamos al principio. Si vamos a vencer, debemos poner nuestro corazón y alma en plantar eso que es bueno. Esto solo es posible si el Señor ha limpiado nuestro corazón y si no estamos buscando ganancia o beneficio personal o incluso corporativa.

6 *Más vale un puño lleno con descanso, que ambos puños llenos con trabajo y aflicción de espíritu.*

El Señor quiere que nosotros estemos satisfechos con lo que necesitamos. Cuando empezamos a acumular más de lo que necesitamos, dice aquí que esto es trabajo y aflicción de espíritu.

7 *Yo me volví otra vez, y vi otra vanidad debajo del sol.*

8 *Es el hombre solo y sin sucesor; que ni tiene hijo ni hermano; mas nunca cesa de trabajar, ni aun sus*

ojos se sacian de sus riquezas, ni piensa: ¿Para quién trabajo yo, y defraudo mi alma del bien? También esto es vanidad, y duro trabajo.

¿Cuántas personas hay como estas?

Ellos están ocupados trabajando día y noche, obteniendo las riquezas de este mundo. Ellos no tienen idea a quién van a dejarle aun si tienen hijos o hermanos. Ellos compulsivamente siguen amontonando más y más riqueza y no tienen en absoluto ningún deseo de compartir con nadie.

Los de la extrema izquierda, tienden a culpar a personas como esta por todos los problemas que hay en el mundo. Ellos los llaman la clase gobernante. Piensan que la lucha de clases es la solución.

En las Escrituras solo hay dos clases de personas y ninguna de las dos tiene que ver con la economía. Hay quienes han buscado la verdad y esto le ha permitido a Dios tratar con ellos hasta que sus corazones han sido cambiados y hay aquellos que no la tienen. (En el más alto sentido, Jesús es la verdad, si bien, muchos que son atraídos por la verdad pueden no reconocer al principio su nombre.)

La persona que trabaja duro y almacena gran ganancia (sin saber a quién lo dejará) piensa que lo está haciendo muy bien. Ellos se enorgullecen de la ética de su trabajo y piensan que los que no son como ellos, son perezosos.

Sin embargo, cuando esto se pasa a cualquiera de los extremos (y el hombre natural es dado a los extremos) los monopolios (el estatal o el privado) se forman y las oportunidades son negadas (en particular a aquellos que son pequeños y débiles). Entonces, el ciclo se repite en una escala más grande con aquellos que han amarrado las oportunidades, que acaparan y retienen, amontonando cada vez más y más y todos los demás se consumen por la envidia.

> 9 *Mejores son dos que uno; porque tienen mejor paga de su trabajo.*
>
> 10 *Porque si cayeren, el uno levantará a su compañero; mas ¡ay del solo! que cuando cayere, no habrá segundo que lo levante.*
>
> 11 *También si dos durmieren juntos, se calentarán; mas ¿cómo se calentará uno solo?*
>
> 12 *Y si alguno prevaleciere contra uno, dos estarán contra él; y cordón de tres dobleces no presto se rompe.*

Salomón, bajo la inspiración del Espíritu Santo, porque toda la Escritura es inspirada por Dios (2 Timoteo 3:16), reconoce que, cualquier cosa que estemos haciendo, no es bueno estar solo. Esto es lo que Dios ha dicho desde el principio (Génesis 2:18).

Tristemente, hay muchos que caminan solos. Los ricos, la llamada clase gobernante, son muy propensos a esto. Ellos no comparten sus secretos con nadie y cuando caen, caen solos.

En el otro extremo, conozco revolucionarios tan dedicados a su causa que llegan a ser incapaces de intimar amistad con los demás. Ellos se vuelven incapaces de confiar en alguien, quiera o no.

Esto también puede suceder a los líderes de las grandes iglesias o ministros que se enfocan en programas y con un orientado desempeño. Se dedican a proyectos, en lugar de enfocarse en las personas.

¿Andarán dos juntos, si no estuvieren de acuerdo? (Amós 3:3). ¿Qué acerca de tres?

El plan de Dios es tratar con nosotros, uno por uno y traernos bajo su autoridad y corrección. Entonces, cuando nuestros corazones están limpios, él puede fácilmente unirnos con aquellos que tienen un corazón limpio. El hombre siempre intenta hacer esto al revés. Los líderes intentan formar un grupo o movimiento y luego se preguntan por qué están teniendo tantos problemas luchando con divisiones internas entre su multitud mezclada (Éxodo 12:38; Nehemías 13:3).

Jesús dijo que si dos o tres se reúnen en su nombre, que él estará en medio de ellos (Mateo 18:20). Podemos pedir lo que queramos en su nombre al Padre en los cielos (Juan 14:13-14). Esto, por supuesto, significa que debemos estar de acuerdo con Jesús.

La solución nunca se encontrará en todas las diversas políticas de doctrina o las políticas de extrema izquierda o de derecha. Aun aquellos que se enorgullecen en la búsqueda y representación de lo que ven como centro pragmático, fallarán. Mientras las personas se sientan oprimidas y heridas; mientras la mayoría de las personas participen en una u otra manera, en la opresión del uno contra el otro, nunca habrá unidad, y toda casa dividida contra sí misma, con el tiempo caerá (Mateo 12:25).

Jesús dijo que el mandato para entrar en el Reino de los cielos, es que debemos llegar a ser como niños (Mateo 18:3).

13 *Mejor es el niño pobre y sabio, que el rey viejo y loco que no puede ser avisado.*

En cierto sentido, todos nosotros somos como reyes porque a cada uno se nos ha dado una voluntad soberana por nuestro creador. Incluso Dios no nos forzará a nosotros. Si consideramos que nuestro propio razonamiento es en absoluto correcto, y que tenemos la razón; si el centro de nuestro enfoque se centra en nosotros mismos; siempre nos sentiremos oprimidos por los demás, aun mientras continuemos oprimiendo inconsciente (o conscientemente) a aquellos que están en desacuerdo con nosotros.

14 *Porque de la cárcel salió para reinar; aunque en su reino nació pobre.*

En el más alto sentido, la persona que más se ajusta a esta descripción es Jesucristo. Él nació pobre en su reino. Todos nosotros hemos nacido debajo del sol, en un mundo caído de esclavitud. Jesús vino a participar de lo mismo, de nuestro estado oprimido causado por la carne, el mundo, y el Diablo. Jesús dio su vida para redimirnos y cuando murió, descendió al Hades (la prisión del Diablo quien había atrapado las almas prácticamente de todo el mundo causada por la muerte). Sin embargo, Jesús llevó cautiva la cautividad y quitó a Satanás las llaves del Hades y la muerte. Jesús salió de la cárcel para reinar. Jesús está ahora sentado a la diestra del Padre con toda autoridad (Lucas 22:69; 1 Pedro 3:22).

15 *Vi a todos los vivientes debajo del sol caminando con el niño, sucesor, que estará en el lugar de aquel.*

Jesús vino para que tengamos vida, de modo que podamos nacer de nuevo en la naturaleza de Dios en vez de estar muertos espiritualmente como bestias. En el momento de su nacimiento, Herodes, un rey viejo y loco trató de matarlo. Jesús es el principio (las primicias de los primeros frutos) de la nueva creación que reemplazará la raza de los antiguos reyes y locos descendientes de Adán. Todos aquellos cuyas almas están espiritualmente vivas caminarán con el niño.

16 *No tiene fin todo el pueblo que fue antes de ellos; tampoco los que vendrán después estarán con él contentos. También esto es vanidad y aflicción de espíritu.*

Nadie estará contento, lleno o satisfecho en su vieja naturaleza humana caída que todos nosotros recibimos de nuestro antepasado Adán. Todo lo que tiene que ver con el hombre viejo es vanidad y aflicción de espíritu. Esos que se auto justifican se apegan a la naturaleza vieja como los religiosos fariseos hipócritas del día de Jesús, ellos nunca estarán satisfechos en él. Jesús es una amenaza a todo su orden de vida. Esta es la razón por la que ellos lo mataron.

Desde el tiempo de Salomón hasta la primera venida del Señor Jesús como un bebé en Belén serían mil años. Se requirió la vida victoriosa, muerte y resurrección de Jesús con el propósito de que tengamos morando en nosotros la presencia del consolador, de manera que no tengamos que caminar solos, para que caminemos con Jesús y con Dios el Padre 24 horas 7 días, y tener una conexión con el Espíritu con cada uno de los que tienen un corazón limpio (o un deseo ferviente de tener un corazón limpio) para caminar con ellos.

Desde Adán hasta el reino de Salomón pasaron tres mil años de acuerdo a las Escrituras. Desde Salomón hasta nuestros días, también han pasado tres mil años. Ahora estamos en la víspera de la segunda venida de Jesucristo, cuando el reino de Dios dominará visiblemente la tierra.

Oremos:

Señor:

Te damos gracias por colocarnos en este tiempo presente, único en la historia. Tenemos grandes expectativas en cuanto a tu inminente regreso. Que podamos ser hallados limpios y rectos en el centro de tu voluntad a tu regreso. Amén.

LA FILOSOFÍA DEL REY SALOMÓN

Capítulo 5

El sacrificio de los locos

En los tiempos de la Biblia Israel tenía dos calendarios: El calendario agrícola y el calendario sagrado. Ninguno de ellos coincide con nuestro calendario moderno. El calendario agrícola empieza cerca del final de febrero o principios de marzo y el calendario sagrado tiene su Año Nuevo en la Fiesta de las Trompetas, el primer día del séptimo mes del calendario agrícola (cerca de nuestro primero de octubre) Ambos están basados en la luna.

Eclesiastés 5

> 1 *Cuando fueres a la casa de Dios, guarda tu pie; y acércate más para oír que para dar el sacrificio de los locos; porque no saben hacer lo que Dios quiere.*

Algunos van a la casa de Dios como necios hipócritas para hablar, otros van en humildad y arrepentimiento. Bajo la ley, a los Israelitas solamente les era requerido asistir a las fiestas anuales descritas en el capítulo 23 del libro de Levítico. En términos generales estas fiestas consistían en la Pascua (el día 14 del primer mes), Pentecostés (el día después del séptimo día de reposo (Sábado), después de la Pascua, siempre un domingo) y Tabernáculos (a partir del día quince del séptimo mes durante una semana). Las reuniones semanales y las sinagogas no son ordenadas en ninguna parte en las Escrituras.

En términos espirituales Jesús es nuestro cordero Pascual. Él es el Cordero de Dios, que quita el pecado del mundo (Juan 1:29). Este es su sacrificio, una sola vez por todos, que nos redime y nos da la oportunidad de nacer de nuevo por el Espíritu de Dios. Pentecostés es símbolo de la llenura del Espíritu Santo que es esencial para la regeneración de la humanidad caída (Hechos 2). Tabernáculos, es la fiesta de la plenitud de la cosecha, y es símbolo del plan de Dios para morar con su pueblo por toda la eternidad (Oseas 6:2). La plenitud profética de los Tabernáculos, llega al final de la Edad de la Iglesia la cual está sobre nosotros.

Jesús le dijo a la mujer Samaritana que la hora viene, y ahora es, cuando los verdaderos adoradores no adorarían en algún lugar específico, sino en Espíritu y en verdad (Juan 4:23). El Nuevo Testamento es claro que aquellos que son guiados por el Espíritu, no están bajo la ley (Gálatas 5:18) y que ahora, como pueblo de Dios, nosotros somos el templo (1 Corintios 3:16). La ley señala el pecado, pero no tiene la capacidad de hacernos limpios. Es solo por el Espíritu que podemos darle muerte a las obras de la carne y vivir (Romanos 8:13).

Por tanto, si el Espíritu de Dios nos guía a un lugar determinado o reunión, está bien, pero si estamos haciendo esto por obligación religiosa para aliviar sentimientos de culpa o para impresionar a Dios o por cualquier otra razón humana nuestra asistencia a los ritos y rituales religiosos podría ser un error. El Espíritu Santo dirigirá y guiará a cada individuo y le mostrará cómo invertir su tiempo y recursos en una manera que esta sea agradable a Dios y cosechará recompensa eterna.

2 No te des prisa con tu boca, ni tu corazón se apresure a proferir palabra delante de Dios; porque Dios

> *está en el cielo, y tú sobre la tierra; por tanto, sean*
> *pocas tus palabras.*

Si usted visita lugares religiosos notará que en vez de pocas palabras la tendencia que prevalece es la opuesta. Debemos dejar que nuestras palabras sean pocas. (Sin embargo, cuando Dios elige hablar a través de alguien esto ya es otra voz).

> *3 Porque de la mucha ocupación viene el sueño, y de*
> *la multitud de las palabras la voz del loco.*

Los temores y preocupaciones de la gente religiosa hace que sueñen e inventan reglas y rituales en medio de muchas palabras.

Desde la perspectiva de Dios, las personas y aún las palabras que ellos hablan, pueden ser o no ser limpias. Las personas pueden ser, ya sea sabias o necias. Si tenemos la vida de Jesús y si el Espíritu Santo nos une a él y al Padre estamos entre los sabios.

Aparte de Dios no hay verdadera sabiduría. No es posible cumplir rituales religiosos e implementar lo que creemos pensando que son principios divinos de acuerdo a nuestro propio entendimiento humano (o de acuerdo a la comprensión humana de aquellos que desean tenernos bajo su cobertura y control espiritual) y creen que verdaderamente agradan a Dios.

> *4 Cuando a Dios hicieres promesa, no tardes en*
> *pagarla; porque no se agrada de los locos. Paga lo*
> *que prometieres.*

Salomón escribió esto mil años antes de la venida de Jesucristo quien hizo la siguiente declaración:

Mateo 5

> *33 Además habéis oído que fue dicho a los antiguos: No te perjurarás; mas pagarás al Señor tus juramentos.*

> 34 *Mas yo os digo: No juréis en ninguna manera; ni por el cielo, porque es el trono de Dios;*
>
> 35 *ni por la tierra, porque es el estrado de sus pies; ni por Jerusalén, porque es la ciudad del gran Rey.*
>
> 36 *Ni por tu cabeza jurarás, porque no puedes hacer un cabello blanco o negro.*
>
> 37 *Mas sea vuestro hablar; Si, sí; no, no; porque lo que es más de esto, de mal procede.*

La religión influenciada y controlada por el hombre intenta adoctrinar a las personas y obligarlos a jurar fe inquebrantable a sus dogmas y credos. Entonces ellos ponen a las personas a jurar para que asistan a sus reuniones, pagarles sus diezmos, y someterse a su dirección espiritual. La repetición de oraciones, cantos de alabanza, ofrendas y rituales religiosos sin fin; pronto tomará el lugar de una relación espontánea con Dios desde el corazón.

Eclesiastés 5

> 6 *No sueltes tu boca para hacer pecar a tu carne; ni digas delante del ángel, que fue ignorancia. ¿Por qué harás que Dios se aíre a causa de tu voz, y que destruya la obra de tus manos?*

Muchas personas religiosas sufren bajo gran culpabilidad porque alguien las introdujo a la fuerza a prometer cosas que podían haber parecido correctas en su momento, pero que no son la perfecta voluntad de Dios. Es solo cuando escuchamos la voz de Dios por nosotros mismos (y si aceptamos lo que él dice con fe) esa abundante gracia se hace disponible para nosotros por el Espíritu Santo para hacer su voluntad.

Los judíos gastaron mil quinientos años tratando de guardar los mandamientos de Dios en su propia fuerza aun mientras sus líderes religiosos mantenían añadiendo dogmas sin fin; ritos, procedimientos, reuniones y rituales inventados por ellos: desesperadamente fallaron.

Jesús cumplió perfectamente la ley, pero las Escrituras declaran que él no quería andar por Judea, (o en el Judaísmo) porque los judíos procuraban matarlo (Juan 7:1). Ellos habían cambiado y torcido tanto la palabra de Dios que la mayoría de ellos ni siquiera pudieron reconocer la Palabra viviente cuando él caminaba entre ellos.

Finalmente, Dios se enojó tanto por las palabras que añadieron y que fueron habladas en su nombre que la obra de sus manos fue destruida. Jerusalén y el templo fueron por completo destruidos por lo menos en dos ocasiones.

> 7 *Porque los sueños abundan, y las vanidades y las palabras son muchas; mas tú teme a Dios.*

Los judíos se sentían muy justos en su intento de cumplir con todas las normas y reglamentos religiosos que ellos habían soñado. Se desviaron y resultó ser vanidad porque el temor del Señor, es el principio de la sabiduría (Salmo 111:10).

El temor del Señor es tener un profundo respeto por él y vivir para agradarlo en todo lo que decimos y hacemos. Dios es muy ofendido cuando la gente con manos sucias y corazones no limpios, intentan representarlo de una manera que él no ha ordenado mientras arrojan una cortina de humo con una verborrea aparentemente religiosa.

> 8 *Si violencias de pobres, y extorsión de derecho y de justicia vieres en la provincia, no te maravilles de esta licencia; porque alto está mirando sobre alto, y uno más alto está sobre ellos.*

El hombre puede llegar a pensar que es autónomo pero nuestra autonomía es muy limitada. Solo hay dos reinos que tienen importancia: uno es de las tinieblas y el otro es el de la luz. Una provincia dominada por la violencia sobre el pobre y la extorsión de los derechos y la justicia está en tinieblas.

Nuestra lucha no es contra carne y sangre; es contra principados, contra potestades, contra señores del siglo, gobernadores de estas tinieblas, contra malicias espirituales en los cielos (Efesios 6:12). Pero hay uno más alto que ellos. Es solo cuando escuchamos directamente a Dios, es solo cuando su Espíritu nos mueve para que podemos estar limpios y caminar en victoria. Es imposible servir a Dios y servir a los señores de este siglo, al mismo tiempo.

9 Y mayor altura hay en todas las cosas de la tierra; mas el que sirve al campo es rey.

Dios planta su buena semilla en el campo. De hecho, según Jesús, nosotros somos la buena semilla (Mateo 13:38). Los reinos del hombre sobre la tierra están llenos con aquellos que buscan la ganancia personal y que luchan para enseñorearse sobre los demás. Jesús dijo que en su reino el humilde servidor de todos es en verdad el más grande (Marcos 9:35).

10 El que ama el dinero, no se saciará de dinero; y el que ama el mucho tener, no sacará fruto. También esto es vanidad.

11 Cuando los bienes se aumentan, también se aumentan los que los comen. ¿Qué bien, pues, tendrá su dueño, sino verlos con sus ojos?

12 Dulce es el sueño del trabajador, coma mucho o coma poco; mas al rico no lo deja dormir la abundancia.

El siervo trabaja, se cansa, y duerme bien. Entre más tiene el rico menos es capaz de dormir porque siempre está tratando de poseer más y no perder lo que ya tiene.

Observe donde va esto:

13 Hay otra enfermedad maligna que he visto debajo del sol: las riquezas guardadas por sus dueños para su mal;

14 las cuales se pierden en malas ocupaciones, y a los hijos que engendraron nada les queda en la mano.

Me pregunto, ¿cuánto descanso tiene el Diablo? Su reino no funciona en el amor y la confianza. Él debe dedicar mucho esfuerzo para mantener en la fila, y bajo su control a sus "hijos".

Siempre existe la amenaza que algunos de sus seguidores intentarán deponerlo. Las ganancias mal habidas vienen con una maldición; no con una bendición. Esto es aplicable a cada persona que se ocupa del mal.

15 Como salió del vientre de su madre, desnudo, así vuelve, yéndose tal como vino; y nada tiene de su trabajo para llevar en su mano.

A menos que las riquezas terrenales sean invertidas en cosas de valor eterno no habrá en absoluto nada para mostrar al final. Los ministros que manipulan a la gente, ponen sobre la gente sentimientos de culpa y nunca serán capaces de invertir en lo eterno. Todo lo que no es inspirado y respaldado por el Espíritu de Dios será estéril y vacío eternamente. Esto tiene que ver con el sacrificio de los locos mencionado en el primer versículo de este capítulo. Aquellos que solicitan o dan el sacrificio de los locos nunca sabrán hacer lo que Dios quiere.

16 Este también es un gran mal, que como vino, así haya de volver. ¿Y de qué le aprovechó trabajar al viento?

17 Además de esto, todos los días de su vida comerá en tinieblas, con mucho enojo y dolor e ira.

Sabemos que Satanás y sus seguidores demuestran mucha ira

y frustración. Satanás sabe (o pronto lo sabrá) que su tiempo ahora es muy corto (Apocalipsis 12:12). Cuando finalmente ellos caen en cuenta que han "trabajado para el viento" también subsanarán con mucho enojo y dolor e ira". Las Escrituras describen el tiempo cuando ellos se darán cuenta que están en total oscuridad y se mordían sus lenguas de dolor (Apocalipsis 16:10). Todos ellos vendrán abajo con "intenso dolor e ira".

¿Cuál será el futuro de aquellos que no tienen una relación saludable con Dios el Padre?

¡Piense acerca de eso!

> 18 *He aquí pues el bien que yo he visto: Que lo bueno es comer y beber, y gozar uno del bien de todo su trabajo con que se fatiga debajo del sol, todos los días de su vida que Dios le ha dado; porque esta es su parte.*
>
> 19 *Asimismo, a todo hombre a quien Dios dio riquezas y hacienda, también le dio facultad para que coma de ellas, y tome su parte, y goce su trabajo; esto es don de Dios.*
>
> 20 *Al tal, Dios le quitará las congojas comunes a otros; pues Dios le responderá con alegría de su corazón.*

Las cosas que son aprobadas por Dios (que son buenas) son muy diferentes de las ganancias mal habidas. Se nos permite disfrutar con libertad y participar de todo lo que es bueno. En el más alto sentido, el Señor Jesucristo es el don de Dios (Juan 3:16) y creyendo y confiando en él como nuestro único Señor y Salvador es la única manera en que podemos regresar a una correcta relación con Dios el Padre.

Cuando recibimos cosas buenas de parte de Dios y cuando

trabajamos junto con él entonces, también nos es dado el derecho de comer y beber y disfrutar del bien de todo nuestro trabajo aquí en este mundo debajo del sol. De hecho, Dios aun quitará las congojas comunes a otros, mientras recibimos la respuesta directa de Dios. El gozo es fruto del Espíritu Santo (Gálatas 5:22). Es cuando empezamos a sentir el gozo del corazón de Dios, es cuando sabemos en nuestro corazón que él está complacido con nosotros que encontraremos la verdadera satisfacción.

Jesús dijo:

Mateo 6

> 24 *Ninguno puede servir a dos señores; porque o aborrecerá al uno y amará al otro, o se llegará al uno y menospreciará al otro; no podéis servir a Dios y a las riquezas.*
>
> 25 *Por tanto os digo: No os acongojéis por vuestra vida, qué habéis de comer, o qué habéis de beber; ni por vuestro cuerpo, qué habéis de vestir: ¿no es la vida más que el alimento, y el cuerpo que el vestido?*
>
> 26 *Mirad las aves del cielo, que no siembran, ni siegan, ni recogen en alfolíes; y vuestro Padre celestial las alimenta. ¿No sois vosotros mucho mejores que ellas?*
>
> 27 *Mas ¿quién de vosotros podrá, acongojándose, añadir a su estatura un codo?*
>
> 28 *Y por el vestido ¿por qué os acongojáis? Aprended de los lirios del campo, cómo crecen; no trabajan ni hilan;*
>
> 29 *más os digo, que ni aun Salomón con toda su gloria fue vestido así como uno de ellos.*

30 *Y si la hierba del campo que hoy es, y mañana es echada en el horno, Dios la viste así, ¿no hará mucho más a vosotros, hombres de poca fe?*

31 *No os acongojéis pues, diciendo: ¿Qué comeremos, o qué beberemos, o con qué nos cubriremos?*

32 *Porque los gentiles buscan todas estas cosas; pero vuestro Padre celestial sabe que de todas estas cosas tenéis necesidad.*

33 *Mas buscad primeramente el Reino de Dios y su justicia, y todas estas cosas os serán añadidas.*

34 *Así que, no os acongojéis por lo de mañana; que el mañana traerá su congoja: basta al día su aflicción.*

Las palabras de Jesús también tienen una aplicación espiritual. Si nos alimentamos con lo que él dice (porque él es el pan de vida) y si bebemos el agua de vida que fluye de su vida y si permitimos que él nos cubra por el Espíritu Santo, entonces no tenemos que preocuparnos acerca del mañana.

Cuando Dios nos da cosas naturales o espirituales y cuando compartimos nuestras bendiciones con aquellos que Dios pone en nuestros corazones, fluye gozo dentro de nosotros desde el corazón de Dios. Esto causará que nos sobrepongamos sobre todo trabajo y aflicción que encontremos aquí debajo del sol.

Salomón finalmente entendió que el verdadero gozo fluye del corazón de Dios.

Oremos:

Padre Celestial:

Pedimos por todos aquellos que todavía cavilan sobre los asuntos de la vida, por aquellos que están empezando a ver que todo lo que invirtieron es vanidad y aflicción de espíritu, para aquellos que se sienten atrapados y oprimidos. Que como Salomón puedan ellos descubrir finalmente el gozo que solamente fluye de su corazón. Pedimos esto en el nombre de nuestro Señor Jesucristo. Amén.

LA FILOSOFÍA DEL REY SALOMÓN

Capítulo 6

La mujer más amarga que la muerte

Eclesiastés 6

1 *Hay otro mal que he visto debajo del cielo, y muy común entre los hombres:*

2 *El del hombre a quien Dios dio riquezas, y hacienda, y honra, y nada le falta de todo lo que su alma desea; mas Dios no le dio facultad de comer de ello, sino que los extraños se lo comen. Esto vanidad es, y enfermedad maligna.*

El capítulo anterior menciona el sacrificio de los locos y la clase de riquezas que son perjudiciales para sus poseedores.

Ahora Salomón menciona a aquellos que han recibido las riquezas que Dios les dio, bienes y honra, pero no pueden disfrutar de esas cosas.

Observe que este mal también ocurre debajo del sol. Esto es lo que sucede en el mundo. Si somos del mundo, puede ser imposible disfrutar de las bendiciones dadas por Dios. Esto también le sucedió a Lot y su familia cuando escogieron vivir en Sodoma. Esto les sucedió a muchos judíos en los días de Jesús cuando fueron incapaces de disfrutar y ser alimentados y edificados por las palabras y los milagros de Jesús. Al final, Dios envió el Evangelio a los Gentiles y Jerusalén (como Sodoma) pronto llegó a ser nada (vanidad).

> 3 *Si el hombre engendrare cien hijos, y viviere muchos años, y los días de su edad fueren numerosos; si su alma no se sació del bien, y también careció de sepultura, yo digo que el abortivo es mejor que él.*

¿Cómo puede una persona no tener sepultura? Esto es lo que literalmente le sucedió a la malvada reina Jezabel (2 Reyes 9:33-37) y las Escrituras también declaran que la misma cosa le sucederá al Diablo (Isaías 14:20, 21).

¿De qué está hablando Salomón?

A la luz del Nuevo Testamento sabemos que el bautismo simboliza la sepultura del hombre viejo (o el hombre natural) y que debemos nacer de nuevo en la vida de Jesucristo (Romanos 6:3-5).

Sin sepultura significa que el hombre viejo no ha sido tratado.

Cien hijos hablan del cumplimiento del plan de Dios en relación con el evangelismo, pero Pablo dijo, antes sujeto mi cuerpo, y lo pongo en servidumbre; para que, predicando a los otros, no me haga yo reprobado (1 Corintios 9:27).

¿Se podrían abortar los nacimientos espirituales que se están llevando a cabo en la iglesia hoy en día? ¿Se está reproduciendo la vida corrupta de Adán en vez de la vida de Cristo?

> 4 *Porque en vano vino, y a tinieblas va, y con tinieblas será cubierto su nombre.*

> 5 *Aunque no haya visto el sol, ni conocido nada, más reposo tiene este que aquel.*

> 6 *Porque si aquel viviere mil años dos veces y no*

gozó del bien, ciertamente ambos van al mismo lugar.

Aunque Salomón construyó el templo de acuerdo con el plan de Dios; aunque Salomón pudo haber engendrado más de cien hijos; aunque guió y juzgó al pueblo de Israel debajo del sol con la sabiduría que recibió de parte de Dios; Salomón está profundamente preocupado que él no ha podido disfrutar o aprovechar las cosas buenas que ha recibido de parte de Dios. ¡Ahora él piensa que un abortivo tendría más reposo que él y que ambos irían al mismo lugar!

6 Porque si aquel viviere mil años dos veces y no gozó del bien, ciertamente ambos van al mismo lugar.

Mil años dos veces (dos mil años) es una mención de la Edad de la Iglesia, de la cual mucho del reinado de Salomón es simbólico. Después que la gloria de Dios cayó en el día de Pentecostés sobre el nuevo templo hecho de piedras vivas, la iglesia se volvió cada vez más dedicada a sus propias obras y la obsesión por "mujeres" (con diferentes sectas, congregaciones y denominaciones) que se salieron completamente de control llevando la delantera para extender la idolatría. Gran parte de la iglesia ha sido incapaz, por una razón u otra, de disfrutar de las cosas buenas que Dios ha puesto a disposición. Salomón parece haberse arrepentido y haber regresado al Señor antes de morir. ¿Qué sucederá con la iglesia de hoy?

7 Todo el trabajo del hombre es para su boca, y con todo eso su deseo no se sacia.

La obra del hombre natural nunca jamás podrá satisfacer sus apetitos carnales.

Jesús dijo, Bienaventurados los que tienen hambre y sed de justicia, porque ellos serán saciados (Mateo 5:6).

La justicia es ser y hacer lo que Dios desea y esto requiere un nuevo nacimiento espiritual y la presencia regeneradora interior del Espíritu Santo. Aquí fue donde Salomón se colgó. Él encontró prácticamente imposible disfrutar de las cosas buenas que Dios le había dado. Salomón dijo que, debajo del sol, este mal es muy común entre los hombres.

> 8 Porque ¿qué más tiene el sabio que el loco? ¿Qué más tiene el pobre que supo caminar entre los vivos?
>
> 9 Más vale gozar del bien presente que el deseo errante. Y también esto es vanidad y aflicción de espíritu.

Jesús dijo, Bienaventurados los pobres en espíritu; porque de ellos es el Reino de los cielos (Mateo 5:3). Los pobres de espíritu han permitido que Dios trate con su orgullo y arrogancia. Tienen la sabiduría para saber que necesitan desesperadamente a Dios. Esto es lo que el sabio tiene más que el loco. Por esto es que el pobre sabe cómo caminar entre los vivos (entre aquellos que han nacido de nuevo en la vida de Jesucristo).

Todos experimentamos deseos errantes de tiempo en tiempo que tienen la posibilidad de sacarnos del camino del Señor. Dios desea que nosotros disfrutemos del bien que está presente y dejar de pensar que el prado es más verde al otro lado de la cerca. La divagación de deseos errantes nos llevará de regreso a la vanidad y aflicción de espíritu si cedemos a los deseos de la carne.

La más intensa batalla espiritual será enfrentada después que nacemos de nuevo. Cuando estábamos antes esclavos del mundo, la carne y el Diablo, éramos incapaces de hacer otra cosa que pecar. Una vez que somos liberados, entonces tenemos una clara elección; podemos rendirnos a Dios por el Espíritu y hacer morir las obras de la carne; o se puede regresar al pecado y esclavitud que finalmente conduce a la muerte espiritual (Romanos 8:13).

> 10 *El que es, ya su nombre ha sido nombrado; y se sabe que es hombre, y que no podrá contender con el que es más fuerte que él.*

Si no entendemos esto no entendemos nada. El Diablo es más fuerte que nosotros. La carne es más fuerte que nosotros. La única manera en que podemos dominar es por la gracia de Dios en el hombre nuevo en Cristo.

> 11 *Ciertamente las muchas palabras multiplican la vanidad. ¿Qué más tiene el hombre?*

> 12 *Porque ¿quién sabe cuál es el bien del hombre en la vida, todos los días de la vida de su vanidad, los cuales él hace que sean como sombra? Porque ¿quién enseñará al hombre qué será después de él debajo del sol?*

Debajo del sol, adentro y de sí mismo, el hombre piensa que está progresando y que continuará evolucionando en una criatura superior.

Sin embargo, de acuerdo a la realidad de Dios, el hombre no está progresando. La corrupción humana continúa degenerando. El hombre, que fue creado a la imagen de Dios, se está convirtiendo en un animal. Si usted no me cree, lea los periódicos o escuche las noticias. Ellos describen un acontecimiento bestial tras de otro.

Eclesiastés 7

> 1 *Mejor es el buen nombre que el buen ungüento; y el día de la muerte que el día del nacimiento.*

El buen ungüento o el aceite de la unción es un símbolo de dones y ministerios de Dios quien no hace acepción de personas. Dios está dispuesto a derramar su Espíritu sobre toda carne, esperando que nosotros por el Espíritu hagamos morir las obras de la carne.

La única manera de tener verdaderamente un buen nombre es llegar a ser parte de la familia de Dios. Solo su nombre (naturaleza) es bueno. Los hijos de Dios son aquellos que son guiados por el Espíritu de Dios (Romanos 8:14). Aquellos que usan el "buen ungüento" para obtener beneficio personal en su estado de naturaleza caída, pueden descubrir con el tiempo (posiblemente demasiado tarde) que un buen nombre es mejor que el buen ungüento (Mateo 7:22, 23).

Esto también es cierto en el ámbito espiritual que el día de la muerte real del hombre viejo es en definitiva mejor que el día de nuestro nuevo nacimiento.

Sansón es un ejemplo interesante e intrigante de todo esto (Jueces 16:30).

> 2 *Mejor es ir a la casa del luto que a la casa del convite; porque aquello es el fin de todos los hombres; y el que vive se advertirá.*

Jesús dijo, Bienaventurados los que lloran, porque ellos recibirán consolación (Mateo 5:4). Recuerde que el Espíritu Santo es el consolador.

Si colocamos nuestras vidas sobre el altar de Dios, cualquier cosa que a él no le gusta o aprueba se esfumará. De otra parte, aquellos que usan las bendiciones y dones de Dios para reforzar su orgullo, arrogancia y ego pueden perder su oportunidad de tener una correcta relación con Dios.

> 3 *Mejor es el pesar que la risa; porque con la tristeza del rostro se enmendará el corazón.*

Si nuestro corazón no se enmienda, no importa que tantos beneficios obtengamos, no importa cuántas cosas poseamos, no importa que tantos dones Dios nos ha dado, no importa qué nivel de unción o ministerio hemos alcanzado. Si nuestro corazón no se enmienda nada realmente tiene importancia.

> 4 *El corazón de los sabios está en la casa del luto; mas el corazón de los locos, en la casa del placer.*

Es en la casa del enlutado que el consolador, el Espíritu Santo es derramado. Los locos que se congregan en la casa del placer pueden recibir un espíritu que es sobrenatural pero no es santo. Gritan de placer, pero confunden el ámbito del alma con el ámbito del espíritu. Pronto toda la "casa" está orientada a que cualquier desempeño del verdadero Espíritu Santo sea apagado.

> 5 *Mejor es oír la represión del sabio, que la canción de los locos.*

Cuando el Espíritu Santo se contrista deberíamos parar lo que estamos haciendo y escuchar. Dios puede escoger usar a alguien que sea sabio para reprendernos. De otra manera la canción de los locos ahogará por completo la voz suave y apacible del Espíritu.

> 6 *Porque la risa del loco es como el estrépito de las espinas debajo de la olla. Y también la risa o la prosperidad del loco es vanidad.*

Los locos son propensos a seguir lo que perciben como experiencias sobrenaturales en vez de la voz apacible y delicada del Señor. Cualquier persona que quite los ojos del Señor para seguir a los locos corriendo en tropel detrás de la última moda espiritual pasajera pronto será engañado. La risa, algunas veces, histérica de los locos es como el estrépito de las espinas debajo de la olla de toda la perversión que ellos cocinan.

> 7 *Ciertamente la opresión hace enloquecer al sabio; y la dádiva corrompe el corazón.*

La opresión está estrechamente ligada a la corrupción. La injusticia puede conducir a un hombre sabio a la locura. Un don o soborno, destruirá nuestro corazón si permitimos que alguien nos compre.

8 *Mejor es el fin del negocio que su principio; mejor es el sufrido de espíritu que el altivo de espíritu.*

Puede costarnos sufrir en el espíritu, con el fin de derrotar nuestro orgullo de modo que podamos verdaderamente llegar a ser pobres en espíritu. El orgullo y la arrogancia son diametralmente opuestos al reino de Dios.

9 *No te apresures en tu espíritu a enojarte; porque la ira reposa en el seno de los locos.*

Las Escrituras declaran que, la ira del hombre no obra la justicia de Dios (Santiago 1:20).

10 *Nunca digas: ¿Cuál es la causa de que los tiempos pasados fueran mejores que estos? Porque nunca de esto preguntarás con sabiduría.*

El mundo ha estado bajo maldición desde el principio de la rebelión contra Dios. El único camino de salir de esto es en la vida de Cristo. No hay tiempos pasados que fueran mejores que podamos mirar atrás para solucionar nuestros problemas. Nuestra esperanza está en el futuro regreso de nuestro Señor Jesucristo y la futura plenitud del reino de Dios.

11 *Buena es la ciencia con herencia; y es la excelencia de los que ven el sol.*

12 *Porque en la sombra de la ciencia, y en la sombra del dinero reposa el hombre; mas la sabiduría excede en que da vida a sus poseedores.*

El conocimiento con la herencia está a disposición de aquellos de este mundo y es la excelencia de los que ven el sol. El conocimiento y el dinero son una defensa, pero solo la sabiduría puede decirnos cómo usar apropiadamente nuestro conocimiento y dinero para invertirlo en las cosas celestiales más allá del sol. Solo la sabiduría nos puede mostrar el camino a la vida.

El mejor conocimiento es el conocimiento de Dios. Este conocimiento es bueno con herencia. La única herencia que realmente importa es que seamos coherederos con Cristo (Romanos 8:16, 17).

13 *Mira la obra de Dios; porque ¿quién podrá enderezar lo que él torció?*

Dios es el que ha colocado la tierra bajo maldición y solo él puede enderezarla de nuevo. La única manera que podemos ser enderezados es si participamos en la vida de Jesucristo.

14 *En el día del bien goza del bien; y en el día del mal abre los ojos y aprende. Dios también hizo esto (el día del mal) delante de lo otro, para que el hombre no halle nada después de él.*

15 *Todo lo he visto en los días de mi vanidad. Justo hay que perece por su justicia, y hay impío que por su maldad alarga sus días.*

¿Quién es el hombre justo que entregó su vida por su rectitud?

Fue Jesús y muchos miembros del cuerpo de Cristo. Jesús dijo: el que hallare su vida, la perderá; y el que perdiere su vida por causa de mí, la hallará (Mateo 10:39).

¿Quién es el hombre impío que por su maldad alarga sus días?

Satanás y sus seguidores están usando cada truco malvado para prolongar sus días, pero pronto se les acabará el tiempo (Apocalipsis 12:12).

16 *No seas demasiado legalista ni muy sabio en tus propios ojos, ¿por qué te destruirás?*

Satanás ha usado el legalismo, el orgullo de justicia propia espiritual, y la hipocresía para destruir a los judíos. Él también ha usado exitosamente estas mismas tácticas para vencer grandes sectores de la Iglesia. Porque la letra mata, pero el Espíritu es el que da vida (2 Corintios 3:6).

17 *No seas muy listo a condenar, ni seas loco; ¿por qué morirás en medio del hilo de tus empresas?*

Jesús dijo, No juzguéis, para no seáis juzgados (Mateo 7:1).

18 *Bueno es que tomes de esto, y también de aquello no apartes tu mano; porque el que a Dios teme, saldrá con todo.*

No deberíamos ser legalistas, pero al mismo tiempo no apartar nuestra mano de la rectitud y la justicia. El temor del Señor es el principio de la sabiduría y esta es la clave para sobrellevar todo (Mateo 6:33).

19 *La sabiduría fortifica al sabio más que diez poderosos príncipes que haya en la ciudad.*

En los días de Salomón se podría decir que la ciudad de Jerusalén estaba fundada sobre los Diez Mandamientos que los hijos de Israel trataron de poner en práctica en sus propias fuerzas. La sabiduría nos liberará del legalismo. La interpretación de Jesús de la ley contenida en el Sermón del Monte ha sido llamada la Constitución del reino de Dios (Mateo 5:7).

20 *Ciertamente no hay hombre justo en la tierra, que haga el bien y nunca peque.*

En los días de Salomón nunca había habido una persona justa que no hubiera pecado en una u otra manera. El único que nunca ha pecado es nuestro Señor Jesucristo. Nuestro único camino a la victoria está en la vida de Cristo (Filipenses 4:13). Es solo por el poder del Espíritu Santo en el interior del creyente que se puede tener esa regeneración. Es solo por el Espíritu que se puede hacer morir las obras de la carne y vivir (Romanos 8:13).

De hecho, gran parte de lo que hace la humanidad, pensado que están haciendo el bien, es realmente pecado a los ojos de Dios. La definición más sencilla de pecado es ir en contra de la palabra del Señor. Salomón empezó haciendo esto cuando se casó con la hija del Faraón. Él pensó que estaba haciendo lo bueno, haciendo alianzas políticas con potenciales enemigos por medio del matrimonio. Después de mil mujeres, Salomón cambió de pensamiento.

> 21 *Tampoco apliques tu corazón a todas las cosas que se hablaren, para que no oigas a tu siervo que dice mal de ti;*
>
> 22 *porque tu corazón sabe que tú también dijiste mal de otros muchas veces.*

Fue uno de los propios "siervos" de Salomón, Jeroboam que con el tiempo dividió el reino de su hijo (Roboam). Cuando Salomón escuchó las palabras proféticas habladas en relación a Jeroboam intentó matarlo (1 Reyes 11:26-40). En este caso, Salomón fue incapaz de guardar verdaderamente su propio consejo. Esto ha sucedido a muchos de nosotros en una manera u otra.

> 23 *Todas estas cosas probé con sabiduría, diciendo: Me haré sabio; mas ella se alejó de mí.*

La verdad había amanecido sobre Salomón. Aun con toda su sabiduría dada por Dios (debajo del sol) para gobernar a Israel, estuvo lejos de ser sabio.

> 24 *Lejos está lo que fue; y lo muy profundo ¿quién lo hallará?*

Mil años en el futuro de Dios, tenía planes muy profundos para enviar al Mesías, Jesucristo y hacer disponible las arras del

Espíritu Santo, disponible para todos los creyentes (2 Corintios 1:22, 5:5; Efesios 1:9-14). Dos mil años después, estamos a la expectativa de la plenitud de nuestra herencia en Cristo, la plenitud del Espíritu. Salomón ahora sabe que ciertas cosas solo se pueden recibir por revelación directa de Dios. ¡Así es como él escribió este sermón!

> 25 *Yo he rodeado con mi corazón por saber, y examinar, e inquirir la sabiduría, y la razón; y por saber la maldad de la locura, y el desvarío del error;*
>
> 26 *y he hallado más amarga que la muerte a la mujer cuyo corazón es redes y lazos; y sus manos ligaduras. El que agrada a Dios escapará de ella; mas el pecador quedará preso en ella.*

Salomón, por falta de dependencia en Dios, estuvo atrapado por mucho tiempo por los lazos, redes y ataduras de las mujeres paganas quienes lo atrajeron para que adorara a sus dioses paganos demoníacos. Salomón experimentó directamente la maldad de la locura y el desvarío del error. Él aprendió como todos los pecadores, que el pecado es una prisión. Esto también le llegó a ser claro por la revelación del Espíritu de Dios que quienquiera que agrada a Dios escapará de ella.

Hebreos 11

> 6 *Pero sin fe es imposible agradar a Dios, porque es necesario que el que a Dios se allega, crea que existe, y que es galardonador de los que le buscan.*

Cada esposa pagana que tuvo Salomón representaba una nación pagana o congregación que en alguna parte se había hecho una alianza con él a través del matrimonio. En el ámbito espiritual, las mujeres pueden representar congregaciones o denominaciones enteras que intentan continuamente hacer sus propias alianzas con aquellos que por alguna u otra razón, no dependen directamente de Dios. Hay grupos que emplean trampas y redes para atar a las personas para sí, en vez de unirlos directamente a Dios; en vez de reconocer que Jesús es el único mediador entre el hombre y Dios (1 Timoteo 2:5). Cualquiera que agrade a Dios escapará de ella (y de la religión falsa). El pecador sin fe quedará prisionero de ella.

Las instituciones religiosas del hombre no pueden tratar con el pecado y la culpa habitual. En vez de eso, ellos han aprendido cómo usarlo para fomentar sus propios reinos. Sus feligreses están constantemente bajo una carga de culpa que intentan absolver participando en ritos y rituales religiosos. Podemos llevar nuestro pecado directamente a nuestro Señor Jesucristo quien es nuestro Sumo Sacerdote. Él nos ayudará a colocar todo bajo el altar de Dios, de modo que el fuego de Dios pueda destruir el poder que el pecado ha ejercido sobre nosotros. Después de tratar con el pecado, él también desea ayudarnos a lidiar con la culpa hasta que el fuego de Dios también la consume. Cuando Dios perdona nuestro pecado, él no lo recuerda nunca más.

Él quita nuestras rebeliones, así como está de lejos el este del oeste (Salmo 103:12).

En cualquier momento somos convencidos por el Espíritu Santo y somos conscientes de cualquier cosa que está errada en nuestra vida (relacionado con el pecado o con la culpa o cualquier otra cosa) por eso tenemos un abogado para con el Padre. Jesús promete que, si confesamos nuestros pecados, él es fiel y justo para perdonar nuestros pecados y limpiarnos de toda maldad (1 Juan 1:9) para que, por fe en él, podemos vivir victoriosamente en comunión limpia y continua con Dios el Padre.

27 He aquí, esto he hallado, dice el Predicador,
pesando las cosas una por una para hallar la razón;

28 lo que aún busca mi alma, y no encuentro: un hombre entre mil he hallado; mas mujer de todas éstas nunca hallé.

Debemos entender que Salomón no está escribiendo esto por su cuenta; es el Espíritu de Dios a través de Salomón. Dios puede trabajar –y ha trabajado– a través de personas imperfectas.

En las Escrituras, hombres y mujeres de fe se conocen como hijos de Dios (independiente de su sexo) y congregaciones enteras, naciones o denominaciones pueden ser referidas como mujeres. Cuando Salomón escribió esto, él literalmente tenía un millar de mujeres (1 Reyes 11:3) y aparentemente no había hallado una sola que fuera digna de confianza. (El Cantar de los Cantares fue sin duda escrito después).

Es además verdad que durante la Edad de la Ley y durante la Edad de la Gracia, ha sido imposible encontrar una mujer "perfecta" (una expresión corporal perfecta del pueblo de Dios). Sin embargo, sabemos que Jesús regresará por una esposa sin mancha o arruga, ni cosa semejante. Creo que uno de los próximos eventos en el calendario profético de Dios, es derramar la plenitud del Espíritu (de la cual hay muchos tipos y sombras a través de todas las Escrituras proféticas) y esto será el escenario para el regreso de Jesucristo (Efesios 5:26).

29 He aquí, solamente he hallado esto: que Dios hizo al hombre recto, mas ellos buscaron perversiones.

Dios no hizo al hombre depravado. Dios hizo al hombre recto (Génesis 1:31). Es el hombre el que ha usado su libre albedrío para buscar muchas perversiones (Génesis 6:5).

Aquí en la mitad del libro del Eclesiastés la predicación de Salomón es bastante diferente que la mayoría de los sermones que son escuchados en las iglesias hoy.

El mensaje de Salomón trata con muchas preguntas antiguas

y profecías veladas de lo que sucedería durante la Edad de la Iglesia y más allá. La prosperidad es la prueba más grande que el pueblo de Dios alguna vez enfrentará. Es extremadamente importante que aprendamos de la experiencia de Salomón.

Oremos:

Padre Celestial:

Te pedimos que podamos ser capaces de aprender de los errores de Salomón. Que podamos guardar nuestros corazones sobre todo lo demás. Que podamos apreciar la obra que tú realizas en nosotros. Como David, te pedimos que escudriñes nuestros corazones y trates con cualquier cosa que tú no apruebes en nosotros. Te pedimos esto en el nombre de nuestro Señor Jesucristo. Amén.

LA FILOSOFÍA DEL REY SALOMÓN

Capítulo 7

Para toda voluntad hay tiempo y juicio

Eclesiastés 8

1 ¿Quién como el sabio? ¿Y quién como el que sabe la interpretación de las cosas? La sabiduría de este hombre hará relucir su rostro, y la tosquedad de su semblante se mudará.

El único hombre que es verdaderamente sabio es Jesucristo. Él es el único que sabe la interpretación de todas las cosas. Referente a la tosquedad de su rostro, las Escrituras afirman que, no hay apariencia externa en él, ni belleza (Isaías 53:2). Sin embargo, después de su resurrección, Juan escribió que su rostro era como el sol cuando resplandece en su fuerza (Apocalipsis 1:16).

2 Yo te aviso que guardes el mandamiento del rey y la palabra del pacto que hiciste con Dios.

El verdadero rey del pueblo de Dios es el Señor Jesucristo. Su mandamiento es que nos amemos el uno al otro (Juan 13:34). Nuestro pacto es amar al Señor nuestro Dios con todo nuestro corazón, con toda nuestra alma, con toda nuestra mente y con todas nuestras fuerzas, y amar a nuestro prójimo como a nosotros mismos (Mateo 22:37-39; Marcos 12: 30,31).

> 3 *No seas ligero a rebelarse contra él, ni en cosa mala persistas; porque él hará todo lo que quisiere;*

Salomón entró en seria rebelión contra Dios. Sin embargo, parece que al final Salomón decidiera no persistir en cualquier cosa mal. Por tanto, los pecados de Salomón son registrados en el libro de los Reyes (probablemente escrito por escribas en el palacio) y están ausentes en el libro de las Crónicas (probablemente escrito por profetas o por sacerdotes en el templo) porque cuando Dios perdona, él no recuerda más nuestras transgresiones. Pero, muchas consecuencias trágicas de nuestros hechos, siguen en el futuro aun después que hemos sido perdonados.

> 4 *porque la palabra del rey es su potestad, ¿y quién le dirá, qué haces?*

Puede que haya habido un tiempo en que Salomón pudo haber considerado que los versos citados anteriormente se aplicaban a él mismo, pero aquí está la palabra que el Señor habló a Salomón:

1 Reyes 11

> 9 *Y se enojó el SEÑOR contra Salomón, por cuanto estaba su corazón desviado del SEÑOR Dios de Israel, que se le había aparecido dos veces,*

> 10 *y le había mandado acerca de esto, que no siguiera dioses ajenos; mas él no guardó lo que le mandó el SEÑOR.*

> 11 *Y dijo el SEÑOR a Salomón: por cuanto ha habido esto en ti, y no has guardado mi pacto y mis estatutos que yo te mandé, romperé el reino de ti, y lo entregaré a tu siervo.*

12 *Pero no lo haré en tus días, por amor de David tu padre; lo romperé de la mano de tu hijo.*

13 *Sin embargo, no romperé todo el reino, sino que daré una tribu a tu hijo, por amor de David mi siervo, y por amor de Jerusalén que yo he elegido.*

Cuando él recibió el juicio anterior de parte de Dios, Salomón aparentemente decidió desistir del mal en que había estado involucrado. Sin embargo, el daño a su posteridad fue muy grande.

Eclesiastés 8

5 *El que guarda el mandamiento no experimentará mal; y el corazón del sabio conoce el tiempo y el juicio.*

Salomón recibió una gran herencia espiritual de su padre, David. Desafortunadamente, Salomón con toda su reputada sabiduría, fue incapaz de transmitir una herencia similar a sus hijos porque falló repetidamente en guardar su pacto con Dios (1 Reyes 11). Los lugares altos paganos que él y sus esposas erigieron por todo Israel permanecieron como una piedra de tropiezo para el pueblo de Dios por más de cuatrocientos años.

6 *Porque para toda voluntad hay tiempo y juicio; porque el mal del hombre es grande sobre él;*

7 *porque no sabe lo que será; ni cuándo haya de ser, ¿quién se lo enseñará?*

El hombre natural, en su estado caído, incluso con dones y bendiciones de Dios (tal como la sabiduría que Dios le dio a Salomón) nunca sabrá lo que será; ni cuándo haya de ser. Esta revelación es dada solamente a los nacidos de nuevo, a los hijos de Dios por el Espíritu de Dios mientras vienen a la madurez en Cristo.

8 *No hay hombre que tenga potestad sobre el*

espíritu para retener el espíritu, ni potestad sobre el día de la muerte; y no valen armas en tal guerra; ni la impiedad librará al que la posee.

La primera vez que el poder sobre la muerte se registra en las Escrituras, ocurrió muchos años después, cuando Elías levantó a un muchacho de entre los muertos. Entonces, algo similar ocurrió en el ministerio de la doble porción de Eliseo e incluso después de su muerte, aconteció que una pandilla de asaltantes moabitas queriendo sepultar a alguien, arrojaron al hombre en el sepulcro de Eliseo; y cuando el muerto tocó los huesos de Eliseo, y revivió, y se levantó sobre sus pies (2 Reyes 13:21).

Todo esto prefigura, en tipo y sombra, que Jesucristo vencería y tendría poder sobre la muerte en la resurrección. Jesús introdujo armas espirituales muy diferentes empezando con la verdad que es en extremo eficaz en esta guerra, cuando las armas naturales son inútiles (2 Corintios 2:4).

Salomón también aprendió de la manera difícil que adorar a los dioses paganos, es decir, la brujería y lo oculto no es capaz de librar a los que son dados a eso.

> 9 *Todo esto he visto, y he puesto mi corazón en todo lo que se hace debajo el sol; el tiempo en que el hombre se enseñorea del hombre para mal suyo.*

Ahora, Salomón está empezando a darse cuenta que los reyes crueles se hieren ellos mismos en el ámbito de este mundo actual debajo del sol. Sin la presencia interior del Espíritu de Dios todos somos reyes implacables.

> 10 *Entonces vi también que los impíos sepultados vinieron aún en memoria; más los que frecuentaban el lugar santo, fueron luego puestos en olvido en la ciudad donde con rectitud habían obrado. Esto también es vanidad.*

Y así es aún hoy en día. Los impíos que son sepultados son

más mencionados por los medios de comunicación que aquellos que frecuentaban el Lugar Santo (los sacerdotes piadosos). Ahora estamos en la era del sacerdocio de todos los creyentes y aquellos que trabajan con integridad, son casi olvidados por el mundo después que ellos fallecen.

Dios, sin embargo, guarda un registro preciso de todo.

> 11 *Porque no se ejecuta en seguida la sentencia sobre la mala obra, el corazón de los hijos de los hombres está en ellos lleno para hacer el mal.*

En cierto sentido, Salomón fue afortunado que la sentencia contra sus malas obras no fue ejecutada pronto. Dios es muy lento para la ira, pero Dios se enojó contra Salomón (1 Reyes 11:9). Aún así, la sentencia fue que Dios rompería el reino durante el tiempo del hijo de Salomón y no mientras Salomón estuviera aún vivo.

Hay hijos de hombres y hay hijos de Dios. Nosotros empezamos nuestra vida en la tierra como hijos de hombres, pero el Señor desea que lleguemos a ser hijos de Dios (Gálatas 4:4-5).

> 12 *Aunque el que peca haga mal cien veces, y le sea prolongado el juicio, con todo yo también sé que les irá bien a los que a Dios temen, los que temieren ante su presencia;*

> 13 *y que al impío nunca le irá bien, ni le serán prolongados los días, que son como sombra; por cuanto no temió delante de la presencia de Dios.*

Parece que, aunque Salomón experimentó prácticamente todo lo que la maldad tuvo para ofrecerle, al final él se arrepintió en el temor de Dios. Salomón con sus cientos de esposas paganas, quienes lo estimularon a adorar muchos dioses paganos sangrientos, debe de haber hecho mal por cientos de veces (1 Reyes 11:1-8). Él salió convencido de esto que nunca saldrá bien con el malo. Él salió convencido que esto saldrá bien con aquellos que temen a Dios. El libro del Eclesiastés de Salomón quedó registrado en la historia como Escritura inspirada por el Espíritu Santo (2 Timoteo 3:16).

> 14 *Hay otra vanidad que se hace sobre la tierra: que hay justos los cuales son pagados como si hicieran obras de impíos; y hay impíos, que son pagados como si hicieran obras de justos. Digo que esto también es vanidad.*

Jesús, el primer hombre justo en la historia humana fue crucificado como si hubiera hecho la obra del malo. Muchos de los seguidores de Jesús también han sido injustamente martirizados por su fe.

Hacia el final de su vida, Salomón debió haberse sentido más y más como el hombre malo recompensado como si hubiera hecho conforme a la obra del justo. Su legado culminó en lo que quedó en la historia como la edad de oro de Israel, pero en lo profundo de su interior Salomón sabía que esto era verdaderamente vanidad y aflicción de espíritu. Muchas de las grandes obras de la iglesia parecen estar en la misma categoría.

> 15 *Por tanto alabé yo la alegría; que no tenga el hombre bien debajo del sol, sino que coma y beba, y se alegre; y que esto le quede de su trabajo los días de su vida que Dios le dio debajo del sol.*

El verdadero gozo es fruto del Espíritu y no puede ser implementado por los gustos de Salomón. Sin embargo, los reyes del pueblo de Dios continúan ordenando gozo. Ellos continúan predicando que el hombre no tiene cosa mejor debajo del sol que coma y beba y estar alegres en sus rituales contaminados, festivales, bazares, convenciones y eventos de entretenimiento.

> 16 *Por lo cual yo di mi corazón a conocer sabiduría, y a ver la ocupación que se hace sobre la tierra*

(porque hay quien ni de noche ni de día ve sueño en sus ojos).

Dios nos está mirando todo el tiempo.

17 Y he visto acerca de todas las obras de Dios, que el hombre no puede alcanzar a entender la obra que se hace debajo del sol; por mucho que trabaje el hombre buscándola, no la hallará; aunque diga el sabio que sabe, no la podrá alcanzar.

¿Cuáles son las obras de Dios?

Si los cielos y la tierra pasaran, ¿cuáles son las obras de Dios hechas debajo del sol que permanecerán?

El hombre natural no puede percibir o entender la obra que Dios está haciendo en los corazones de un pueblo como nosotros. Dios puede cambiar pecadores corruptos e impuros. Él puede hacernos parte de su nueva creación donde todo está basado en justicia y rectitud. Aquellos que tienen el Espíritu de Dios son capaces de entender e incluso participar en esta obra que el Señor está haciendo. Jesucristo ordena que estén gozosos aquellos que él ha redimido.

A todo lo largo de gran parte de su reinado, Salomón pensó que era importante construir edificios y ciudades y obtener riquezas, poder, caballos, carros, mujeres y hacer alianzas.

Salomón estaba equivocado.

Él finalmente llegó a la conclusión que todo lo que él había estado haciendo era vanidad y aflicción de espíritu. Toda su famosa sabiduría debajo del sol no podía compararse a la verdadera sabiduría de Dios.

Oremos:

Señor:

Te damos gracias por la oportunidad que nos has dado de vivir aquí debajo del sol. Que podamos apreciar la cubierta que tú nos ofreces. Que podamos apreciar el alimento y la bebida espiritual que has hecho disponible. Que podamos gastar nuestro tiempo con sabiduría aquí en la tierra. Amén.

Capítulo 8

El tiempo malo

Eclesiastés 9

> 1 *Ciertamente a todo esto di mi corazón, para declarar todo esto: que los justos y los sabios, y sus obras, están en la mano de Dios; y que no sabe el hombre ni el amor ni el odio por todo lo que pasa delante de él.*

De acuerdo a nuestra forma natural de ver las cosas, podemos amar algo que Dios no ama y podemos odiar algo que Dios no odia. Cuando El Señor entra a nuestra vida por el Espíritu Santo, él comienza a cambiar nuestros corazones y mentes hasta que amemos lo que él ama y odiemos lo que él odia. Si usted no cree que Dios aborrece ciertas cosas solamente lea las Escrituras. Usted va a encontrar muchas cosas que Dios odia, cosas que él no puede aceptar de ninguna manera o forma; cosas que la Biblia dice que son abominación delante del Señor.

¿Qué es una abominación?

Una abominación es algo que no es compatible con la presencia de Dios. Si insistimos en guardar o fomentar una abominación, el Espíritu de Dios será contristado y se retirará de nosotros.

Eventualmente el juicio caerá. Esto es lo que sucedió en Sodoma y en Jerusalén.

> 2 *Todo acontece de la misma manera a todos; un mismo suceso tiene el justo y el impío; el bueno y el limpio y el no limpio; el que sacrifica, y el que no sacrifica; como el bueno, así el que peca; el que jura, como el que teme el juramento.*

En la época en que Salomón escribió esto, Satanás aún era capaz de retener las almas de prácticamente todo el mundo que muriera como prisionero en el Seol (Hades en Griego). En la parábola del hombre rico y Lázaro, Jesús describe el Hades con dos compartimentos con una gran sima constituida entre ellos, de manera que era posible para Lázaro y el hombre rico tener una conversación de un lado al otro. Lázaro estaba en los brazos de Abraham y el hombre rico estaba en tormento (Lucas 16:19-26).

Esto continuó hasta la obra redentora de Jesucristo cuando venció y le arrebató las llaves de la muerte y del Hades al Diablo (Apocalipsis 1:17, 18). Jesús murió por nosotros y descendió al Hades, en las partes más bajas de la tierra; luego él llevó cautiva la cautividad subiendo a lo alto, con aquellos que eran suyos (Efesios 4:8-10). Cuando Jesús murió por nosotros y nos redimió, abrió la oportunidad para que las almas de los cristianos subieran a los cielos cuando murieran en vez de bajar al Seol.

Nada de esto estaba claro en el tiempo de Salomón, quien, con la extraordinaria sabiduría de Dios, solo podía discernir las cosas que se hacen debajo del sol.

> 3 *Este mal hay entre todo lo que se hace debajo del sol, que todos tengan un mismo suceso, y también que el corazón de los hijos de los hombres esté lleno de mal, y de enloquecimiento en su corazón durante su vida; y después, a los muertos.*

El Seol tiene que ver con la primera muerte, el cual mata el cuerpo, pero no el alma. El Seol ha sido confundido y mal traducido como infierno en muchas Biblias. Sin embargo, el verdadero infierno, es el lago de fuego, que también se describe como la segunda muerte y que puede destruir ambos, el cuerpo y el alma (Mateo 10:28). En el momento del juicio final, el Seol o Hades deben entregar los muertos que están allí. De hecho, incluso la muerte y el Hades serán lanzados en el lago de fuego junto con cualquiera que no fue hallado escrito en el libro de la vida (Apocalipsis 20:11-15).

> 4 *Porque hay esperanza para todo aquel que está aún entre los vivos; porque mejor es perro vivo que león muerto.*
>
> 5 *Porque los que viven saben que morirán; mas los muertos nada saben, ni tienen más paga; porque su memoria es puesta en olvido.*

Esta y muchas otras Escrituras definitivamente descartan cualquier posibilidad del Seol teniendo propiedades de Purgatorio. Es mientras estemos todavía vivos que hay esperanza en relación con el estado eternal de nuestra alma. El muerto no sabe nada en el sentido de que no pueden más interactuar en ninguna manera significativa con los que están vivos (este era el lamento del hombre rico). El muerto no puede hacer nada para ganar una recompensa. Su memoria es colocada en el olvido. Como almas sin cuerpos en el Seol no hay nada que ellos puedan hacer para cambiar o alterar lo que hicieron, o no hicieron mientras estaban vivos.

> 6 *Aun su amor, y su odio y su envidia, fenecieron ya; ni tienen ya más parte en el siglo, en todo lo que se hace debajo del sol.*

La puerta está completamente cerrada a la posibilidad de

cualquier interacción entre el muerto y cualquier cosa que se hace debajo del sol.

> 7 *Anda, y come tu pan con gozo, y bebe tu vino con alegre corazón; para que tus obras sean agradables a Dios en este tiempo.*

Si estamos alegres y gozosos con la provisión natural o espiritual que Dios ha provisto para nosotros, esto nos ayudará a asegurarnos que nuestras obras puedan ser agradables a Dios. Pablo describe que el no estar agradecido con Dios es como un primer paso hacia la apostasía (Romanos 1:21).

> 8 *En todo tiempo serán blancos tus vestidos, y nunca faltará ungüento sobre tu cabeza.*

Si nuestras obras son aceptables a Dios esto significa que nuestros vestidos (cubierta) siempre serán limpios y blancos (Apocalipsis 19:8). Esto significa ser cubiertos por el Espíritu Santo. Si nuestra cabeza es Jesús, la unción del Espíritu (ungüento) nunca cesará de fluir hacia todos los miembros del cuerpo de Cristo.

> 9 *Goza de la vida con la esposa que amas, todos los días que has de vivir en este lago de vanidad, que te son dados; todos los días de tu vanidad debajo del sol; porque esta es tu parte en la vida, y en tu trabajo en que trabajas debajo del sol.*

Es interesante que después de todas sus insensateces con mujeres, Salomón finalmente llegó a la conclusión que sería mejor vivir gozoso con la esposa que amas, todos los días que nos son dados de nuestra vida natural. Es mejor estar gozoso, agradecido y fiel al cónyuge que Dios nos provee. Esto también es verdadero en nuestro llamado en Dios.

> 10 *Todo lo que te viniere a la mano para hacer, hazlo con todas tus fuerzas; porque en el Seol*

adonde tú vas, no hay obra, ni industria, ni ciencia, ni sabiduría.

El Seol estaba básicamente puesto como una prisión para las almas. En el tiempo de Salomón el Diablo tenía las llaves. Ahora que Jesús le ha quitado las llaves del Seol, permanece como una prisión para las almas que no van al cielo y están esperando el juicio final. Las Escrituras dan a comprender que el tiempo vendrá pronto cuando el Diablo será encerrado en lo que solía ser su propia prisión por "mil años" (Apocalipsis 20:1-3).

Durante este tiempo Satanás y sus demonios ya no más podrán intervenir en los asuntos de los hombres debajo del sol.

11 *Me volví y vi debajo del sol, que ni es de los ligeros la carrera, ni la guerra de los fuertes, ni aun de los sabios el pan, ni de los prudentes las riquezas, ni de los elocuentes la gracia; sino que tiempo y ocasión acontece a todos.*

Salomón lo pensó bien en cuanto a esto y vio que las cosas no son como primero parecían ser debajo del sol. Hay tiempos y ocasiones que son muy importantes y afectan a todos. La oportunidad acontece a cada persona. Cuando alguien toma una decisión esto puede generar una larga cadena de consecuencias.

Hay un tiempo muy importante surgiendo en nuestro horizonte moderno al que las Escrituras se refieren como el tiempo malo o el día malo.
Todos nosotros hemos pasado por momentos difíciles cuando nada parece ir bien. Los efectos de la vejez prácticamente nos atraparán a todos y cada uno de nosotros. Ninguno de nosotros se pone más joven. Todos nosotros tenemos que aprender a lidiar con esto y Dios puede concedernos la gracia de pasar cada prueba.

Pero antes de la segunda venida del Señor Jesús hay un

tiempo malo profetizado sobre el mundo entero. Nadie escapará. Este tendrá lugar en todas partes que afectará el comercio, cada ciudad y cada pueblo. Cada nación se estremecerá hasta la médula. Todo lo que pueda ser conmovido en los cielos y sobre la tierra será sacudido (Hebreos 12:25-29).

Entonces será muy claro que la carrera no es de los ligeros, ni la guerra de los fuertes, ni el pan del sabio, ni las riquezas del hombre prudente, ni la gracia de los hombres elocuentes. Aquellos que disfrutarán de la victoria en este tiempo son aquellos que han encontrado el refugio en el escondedero del Altísimo, bajo la sombra del Omnipotente (Salmo 91).

Los mismos Estados Unidos se considera como la nación más poderosa sobre la faz de la tierra, pero está enfrentando serios problemas. Los Bancos alrededor del mundo que fueran una vez solventes y poderosos, están sacudiéndose. Naciones enteras que eran arrogantes y llenas de viento están siendo forzadas a sus rodillas. Solo lo que ha sido realizado por Dios, permanecerá. Todo lo demás se derrumbará.

Si nuestra esperanza está en cualquiera de las cosas de este mundo a la final seremos engañados. Pero si permitimos que el Espíritu de Dios nos guíe, él nos mostrará como tomar nuestro trabajo y las riquezas corruptibles de este mundo y cambiarlas por el verdadero tesoro en el ámbito celestial.

Alguien decía que, aunque no es posible tomar ninguna de las riquezas de este mundo con nosotros cuando muramos, es posible, sin embargo, girar dinero por adelantado en una cuenta del banco celestial. La única manera de realizar esto es obedecer cuidadosamente al Señor y seguir la guía y dirección del Espíritu Santo en relación a cómo invertimos nuestro tiempo y recursos aquí y ahora.

12 Porque el hombre tampoco conoce su tiempo; como los peces que son presos en la mala red, y

> *como las aves que se prenden en lazo, así son enlazados los hijos de los hombres en el tiempo malo, cuando cae de repente sobre ellos.*

Hay un tiempo malo que viene sobre los hijos de los hombres que son los moradores de la tierra. Solo los hijos de Dios que tienen su verdadera ciudadanía en los cielos sobrevivirán. Esto es lo que Pablo escribió con respecto a la venida del día del Señor.

1 Tesalonicenses 5

> 1 *Pero acerca de los tiempos y de los momentos, no tenéis, hermanos, necesidad de que yo os escriba,*
>
> 2 *porque vosotros sabéis bien, que el día del Señor vendrá como ladrón de noche,*
>
> 3 *que cuando dirán: Paz y seguridad, entonces vendrá sobre ellos destrucción de repente, como los dolores a la mujer encinta; y no escaparán.*

La única vía de escape es tener un corazón limpio. La única manera de tener un corazón limpio es someterse a la corrección del Padre Dios. Jesús decía que (solamente) el limpio de corazón verá a Dios (Mateo 5:8).

Eclesiastés 9

> 13 *También vi esta sabiduría debajo del sol, la cual me es importante:*

Salomón llamó prácticamente todo debajo del sol como vanidad y aflicción de espíritu. Esta es una de las pocas veces que él menciona que algo es importante para él.

¿Por qué es esta sabiduría (que se describe en los siguientes versos) importante para Salomón?

> 14 *una pequeña ciudad, y pocos hombres en ella;*

y viene contra ella un gran rey, y la cerca, y edifica contra ella grandes baluartes;

15 y se halla en ella un hombre pobre, sabio, el cual libra la ciudad con su sabiduría; y nadie se acordaba de aquel pobre hombre.

¿Quién es el pobre, sabio, e ignorado hombre que liberó la pequeña ciudad?

Aquel ignorado, pobre hombre sabio del que nadie se acordaba con toda seguridad no es el rey Salomón. Salomón era un hombre rico y sabio cuya sabiduría proverbial (confinado la mayor parte de su vida al ámbito debajo del sol) no liberó su ciudad. De hecho, fueron las semillas de apostasía sembradas por Salomón lo que con el tiempo, provocó la completa y total destrucción de su ciudad.

Jesús dijo que el más pequeño, quien es siervo de todos, es en realidad el más grande en el reino de Dios. Es el pobre de espíritu quien tendrá la sabiduría para salvar a la pequeña ciudad.

¿A qué ciudad se está refiriendo Salomón?

Al verdadero pueblo de Dios (en cualquier época a lo largo de la historia humana) siempre ha sido un pequeño remanente o ciudad pequeña con pocos hombres dentro de ella. Ahora, al final de la Edad de la Gracia esto es más relevante que nunca. Aquellos que defienden la verdad son un pequeño remanente en cualquier jurisdicción de la sociedad.

¿Quién es el gran rey que viene contra ella?

En las Escrituras el más grande de todos los reyes sobre toda la tierra es Dios (Salmo 47:2, Salmo 95:3). El remanente del pueblo de Dios ha permanecido en pie contra los ataques del mundo por seis mil años de historia humana registrada. Ahora, sin embargo, Dios está a punto de juzgar la tierra por el fuego (2 Pedro 3:7). El pueblo de Dios será juzgado por el estándar de la absoluta perfección de Dios. ¿Qué hará el pueblo de Dios cuando Dios mismo sitie su "pequeña ciudad" y construya grandes baluartes contra ella?

¿Cómo el hombre pobre y sabio liberó la ciudad?

Jesús dijo: Bienaventurados los pobres en espíritu; porque de ellos es el Reino de los cielos (Mateo 5:3). La sabiduría del hombre pobre y sabio se demuestra cuando nosotros permitamos que Dios trate con nuestro orgullo, para que reconozcamos que no podemos hacer nada bueno sin él y que aún no deberíamos construir "pequeñas ciudades" en nuestra propia iniciativa. Esta es la sabiduría de Juan el Bautista quien decía que debía menguar y que Cristo debía crecer (Juan 3:30).

La única manera para cualquiera de nosotros de sobrevivir en el tiempo del juicio que viene sobre la tierra es que nosotros estemos escondidos en Cristo habitando en el escondedero del Altísimo, bajo la sombra del Omnipotente. Cuando los fuertes juicios del Dios todopoderoso caigan sobre la tierra Cristo debe ser el todo y en todos (Colosenses 3:10, 11). No hay margen de error. Nuestros propios méritos, dones y logros deben ser olvidados. Pablo escribió que es Cristo en vosotros, la esperanza de gloria (Colosenses 1:26-28). Entonces cuando el mundo nos mire, ellos no nos verán a nosotros sino a Cristo.

> 16 *Entonces dije yo: Mejor es la sabiduría que la fortaleza; aunque la ciencia del pobre sea menospreciada, y no sean escuchadas sus palabras.*

El conocimiento del hombre pobre hoy es más despreciado que en cualquier otro tiempo y la mayoría no escuchará sus palabras. Es la razón porque solamente una "pequeña ciudad" se salva.

Jesús dijo:

Mateo 7

13 *Entrad por la puerta estrecha: porque el camino que lleva a perdición es ancho y espacioso; y los que van por él, son muchos.*

14 *Porque estrecha es la puerta, y angosto el camino que lleva a la vida; y pocos son los que lo hallan.*

Eclesiastés 9

17 *Las palabras del sabio con reposo son oídas, más que el clamor del señor entre los locos.*

Con el propósito de que las palabras del hombre sabio sean oídas debe haber quietud. Si somos parte del remanente de Dios y seguimos en amistad con el mundo, el ruido ensordecedor alrededor de nosotros ahogará por completo la suave voz de la sabiduría de Dios.

¿Quién gobierna entre los locos?

El Diablo gobierna en medio de todos los locos de este mundo.

18 *Mejor es la sabiduría que las armas de guerra; pero un pecador destruye mucho bien.*

¿Quién es el pecador que destruye mucho bien? Este es el hombre viejo, el hombre de pecado en cada uno de nosotros que debe ser vencido. De lo contrario mucho bien será destruido.

Salomón encontró que esto es cierto incluso en medio de sus muchos logros humanos debajo del sol. La vasta mayoría de aparentes buenas obras de Salomón fueron destruidas. Nos quedamos con este libro del Eclesiastés, el libro del Predicador, porque así es como Dios convirtió a Salomón en predicador para aquellos que insisten en hacer "buenas obras" con los dones y habilidades que ellos han recibido de parte de Dios sin estar dispuestos a soltar el viejo hombre, el hombre carnal.

Jesús regresará por una novia sin mancha ni arruga ni cosa semejante. No habrá ningún pecador entre la novia de Cristo. El tiempo que viene contemplado y al que se refiere en las Escrituras como la angustia para Jacob o la gran tribulación se asegurará que este es el caso (Jeremías 30:6-9).

Oremos:

Señor:

Te pedimos que esta gran lección de Salomón pueda permanecer clara en nosotros de modo que no tengamos que repetir los mismos errores. Que podamos entender que no vale la pena buscar las cosas de este mundo; ni siquiera el alimento ni el vestido. Que busquemos primero el reino de Dios y su justicia y dejar todo lo demás en tus manos. Que tu obra sea realizada en nosotros y a través de nosotros. Amén.

LA FILOSOFÍA DEL REY SALOMÓN

Capítulo 9

El que mudare las piedras...

Eclesiastés 10

1 Las moscas muertas hacen heder y dar mal olor al ungüento del perfumador; así una pequeña locura, al que es estimado por sabio y honorable.

Las moscas muertas en el ungüento o la unción causan estragos en todo. Es la maravillosa fragancia de la unción la que anuncia la proximidad de la presencia del Señor. Incluso los pequeños actos de locura por aquellos que están dotados y ungidos por Dios, pronto crean un hedor insoportable.

2 El corazón del sabio está a su mano derecha; mas el corazón del loco a su mano izquierda.

Bajo condiciones normales en el mundo natural de todos nosotros los seres humanos, nacemos con nuestro corazón al lado izquierdo. Por tanto, todos nosotros somos locos al menos en cierto sentido. El único hombre sabio es Jesucristo. La única manera para que lleguemos a ser sabios es nacer de nuevo en la vida de Jesucristo y llegar a la madurez por el Espíritu de Dios. La mano derecha es un símbolo de autoridad y poder ligado al trono de Dios. Jesucristo, resucitado y glorificado está sentado a la diestra del Padre con todo poder y autoridad.

3 *Y aun mientras va el loco por el camino, le falta cordura; y dice a todos, que es loco.*

Con el propósito de que seamos sabios y buenos es necesario que el Señor ordene nuestros pasos (Salmo 27:11). El hombre natural (o mujer) determina sus propios pasos y por tanto, ellos anuncian a todo el mundo que son locos.

4 *Si el espíritu del señor se exaltare contra ti, no dejes tu lugar; porque la mansedumbre hará reposar grandes pecados.*

Hay muchos que no parecen ser capaces de recibir corrección; ni siquiera de la crítica constructiva. Ellos prefieren dejar su lugar en vez de ser corregidos. Jesús dijo, Bienaventurados los mansos, porque ellos recibirán la tierra por heredad (Mateo 5:5).

5 *Hay otro mal que debajo del sol he visto; como salido de delante del gobernador por yerro:*

6 *La locura está colocada en grandes alturas, y los ricos están sentados en lugar bajo.*

Jesús dijo que vendrá el tiempo cuando algunos de aquellos que ahora son primeros serán postreros, y algunos de aquellos que ahora son postreros serán primeros (Lucas 13:30).

7 *Vi siervos en caballos, y príncipes que andaban como siervos sobre la tierra.*

En este tiempo actual de entrenamiento y formación, Dios tiene a muchos de sus hijos (príncipes) caminando como siervos sobre la tierra. Aquellos que están recibiendo la formación y los tratos que les son necesarios para recibir la verdadera herencia, pueda que no estén montando en "caballos" en este momento. Ellos están caminando con el Señor en medio de muchas pruebas y tribulaciones.

8 *El que hiciere el hoyo caerá en él; y al que aportillare el vallado, le morderá la serpiente.*

Hay muchos que cavan hoyos. De hecho, toda la economía mundial es un gran hoyo que ellos han estado cavando desde hace bastante tiempo. Hoy en día, muchos están "aportillando el vallado" y robando lo que no les pertenece por medio de la política monetaria central engañosa. Esto finalmente los está atrapando y la "serpiente" está a punto de morderlos.

En los pasados cien años aproximadamente la política económica de muchos gobiernos ha estado influenciada en gran medida por el economista británico John Maynard Keynes, quien enseñó que no es necesario contar con moneda fuerte respaldada con algo de valor real. Keynes también enseñó que los gobiernos podrían embarcarse en gastos deficitarios y el intento de "crear" dinero de la nada para estimular economías en tiempos de recesión, depresión o contracción.

Esto, sin embargo, solamente funcionará en períodos de corto y mediano plazo. A la larga, esto es un desastre. Keynes además famosamente dijo:

"Capitalismo es la asombrosa creencia que el más perverso de los hombres, hará las cosas más perversas y que ello redundará en el bienestar para todos".

9 El que mudare las piedras, tribulación tendrá en ellas; el que cortare la leña en ella peligrará.

¿Qué quiere decir mudar las piedras?

Quiere decir mover lo establecido, las leyes, reglas o linderos (tales como los Diez mandamientos escritos por Dios sobre tablas de piedra, (Éxodo 24:12). Esto significa usar métodos bajo cuerda para cambiar los pesos y las medidas equitativas. La economía y los mercados modernos están llenos de esto. La sociedad moderna incluso quiere mover los límites morales establecidos que han sido escritos en "piedra" por siglos en relación a cosas como la ideología de género y el matrimonio.

Quienes hacen esto no escaparán de la tribulación junto con lo que están haciendo.

¿Quién es el que corta la leña? La madera muerta es un símbolo de obras muertas. Todos aquellos que están promoviendo políticas erradas (aquellos que están mudando las piedras) a la final estarán en peligro por toda la "leña" que han cortado cuando sus obras sean juzgadas por fuego.

> 10 *Si se embotare el hierro, y su filo no fuere amolado, hay que añadir entonces más fuerza; pero excede la bondad de la sabiduría.*

El hierro también es un símbolo de la ley. Las leyes de los hombres son desafiladas y por consiguiente no hacen un buen corte. Ellas no son capaces de cortar las obras muertas del hombre aun cuando sea aplicada más "fuerza". Se necesita de la verdadera sabiduría con el propósito de aplicar la ley de Dios.

> 11 *Si mordiere la serpiente no encantada; no es más el lenguaraz.*

El mundo está lleno de aquellos que adulan a Dios y buscan las cosas de este mundo que están bajo el control de la serpiente antigua, el Diablo. Por tanto, ellos deben intentar hechizar o encantar a la serpiente. Más temprano que tarde, la serpiente morderá a aquellos que persisten en hacer esto. Las palabras de estos locos entonces serán reveladas como un murmullo inútil (confusión).

> 12 *Las palabras de la boca del sabio son gracia; mas los labios del loco lo echan a perder.*

> 13 *El comienzo de las palabras de su boca es locura; y el fin de su charla nocivo desvarío.*

La Gracia tiene que ver con el poder de Dios para que él haga por nosotros lo que somos incapaces de hacer por nosotros mismos. Aquellos que son destituidos de la gracia de Dios son llevados al nocivo desvarío.

> 14 *El loco multiplica palabras, y dice: no sabe el hombre lo que será; ¿y quién le hará saber lo que después de él será?*

Ellos no saben a dónde van, no saben lo que sucederá en el futuro, incluso son incapaces de hacer sencillas proyecciones hacia el futuro que coincidan con la realidad, pero todavía quieren estar a cargo. Esto ocurre ya que no pueden tomar ni siquiera una encuesta precisa debido a muchos factores escondidos y el hecho de que un número creciente de los encuestados no responderá con la verdad.

> 15 *El trabajo de los locos los fatiga; porque no saben por dónde ir a la ciudad.*

El hombre natural llega a fatigarse porque él nunca es capaz de llegar al destino apropiado. Él puede tener ambiciones y metas por su cuenta y para la sociedad, pero es incapaz de implementarlos adecuadamente. Por otra parte, Jesús dijo que su yugo es fácil, y ligera su carga. Si permitimos que Jesús haga su trabajo en, y a través de nosotros estaremos energizados y llenos de gozo.

> 16 *¡Ay de ti, tierra, cuando tu rey es niño, y tus príncipes banquetean de mañana!*

Cuando el líder es inmaduro todo marcha mal. Cuando el inmaduro gana las elecciones o hereda el poder, ellos y sus seguidores banquetean en la mañana y reparten el botín. Ni siquiera están pensando en servir a la gente, mucho menos de servirle a Dios.

> 17 *¡Bienaventurada, tú, tierra, cuando tu rey es hijo de nobles, y tus príncipes comen a su hora, para reponer sus fuerzas, y no por el beber!*

Las Escrituras, comenzando en el Antiguo Testamento describen dos clases básicas de personas en el mundo. Esto no necesariamente alinea exactamente con el rico frente al pobre (como muchos creen hoy). Es entre los nobles (los que nacen libres) y los que no son de noble cuna (esencialmente siervos o esclavos). En el más alto sentido aquellos que son nacidos de nuevo en la vida del Señor Jesucristo no son más siervos o esclavos de la carne, el mundo y el Diablo. A la luz de esto, ¿cuántos de nuestros líderes mundiales son verdaderamente nobles de nacimiento? ¿Cuántos de nuestros "príncipes" comen a su tiempo para reponer sus fuerzas y no por el beber? ¿Dónde están los patriotas desinteresados que están dispuestos a sacrificarse por el pueblo y por la nación?

18 Por la pereza se cae la techumbre, y por flojedad de las manos se llueve la casa.

Aquellas personas que son esclavas de la carne, del mundo y del Diablo nunca toman una iniciativa oportuna para proteger a la sociedad. Ellos supervisan pasivamente la decadencia de la civilización occidental, mientras el riesgo moral y la corrupción permean la total estructura de nuestra civilización hasta que el mundo entero esté en peligro.

19 Por el placer se hace el convite, y el vino alegra los vivos; y el dinero responde a todo.

Hay dos tipos básicos de vino y por consiguiente dos banquetes muy diferentes. El vino, como un símbolo de la vida, puede representar nuestra vida corrupta en Adán o la nueva vida incorruptible que solo podemos encontrar en Jesucristo. Aunque es verdad que el dinero resuelve todas las cosas, también es verdad que el amor al dinero es la raíz de todos los males (1 Timoteo 6:10). Es mucho mejor tomar el consejo de Jesús y buscar primero el reino de Dios y su justicia, de manera que él pueda entonces añadirnos todo lo demás que necesitemos (Mateo 6:33).

20 *Ni aun en tu pensamiento maldigas al rey, ni en los secretos de tu cámara maldigas al rico; porque las aves del cielo llevarán la voz, y las que tienen alas harán saber la palabra.*

Este es el consejo del rey Salomón inspirado por el Espíritu de Dios después de haber aprendido muchas lecciones de la manera más difícil.

Aquellos que están dedicados a la pereza y al placer no terminarán bien. Los que maldicen a otros por sus problemas, mientras se embriagan con el vino de sus propias vidas corruptas, verán su casa derrumbarse bajo el goteo permanente de la corrupción que brota de sus propios corazones.

También es demasiado fácil culpar y avergonzar a otros por problemas que en realidad tiene mucho que ver con el estado de nuestros propios corazones.

Los que viven en tinieblas siempre tienden a estar motivados principalmente por el temor del hombre y de las circunstancias. Ellos codician cosas injustas y operan de acuerdo a las formas corruptas de este mundo, mientras intentan hechizar o encantar a la serpiente con el fin de salirse con las suyas con sus corruptos esquemas.

El Señor dice que si renunciamos a la corrupción de este mundo para caminar con él, no tendremos que encantar serpientes. En vez de eso, podremos quitar serpientes (Marcos 16:18). Si nos humillamos y nos sometemos a la poderosa mano de Dios seremos capaces de resistir al Diablo, y él huirá de nosotros (Santiago 4:7). Entonces ninguna arma fabricada contra nosotros, prosperará (Isaías 54:17). Cualquier daño que nuestros enemigos injustamente intente hacernos, se volverá contra sus propias cabezas (Apocalipsis 11:5).

Sin embargo, parecido a Salomón, muchas personas durante gran parte de su vida, están luchando en medio de la derrota moral porque no se han sometido a la disciplina y la corrección del Dios Padre desde el principio en sus vidas.

Oremos:

Señor:

Gracias por la claridad de tu palabra, que podamos ser guiados por tu luz a través de todas las circunstancias que nos rodean. Que la luz de tu verdad ilumine nuestros corazones y desplace todas las sombras de modo que puedas obrar a través de nosotros. Amén.

Capítulo 10

Echa tu pan sobre las aguas

Eclesiastés 11

1 *Echa tu pan sobre las aguas; que después de muchos días lo hallarás.*

Las Escrituras describen una "gran ramera, la cual está sentada sobre muchas aguas" (Apocalipsis 17:1). En este caso, al igual que en otras menciones en las Escrituras sobre el mar de la humanidad perdida, las aguas se refieren a las personas. Nuestro "pan" es la provisión que hemos recibido de Dios (natural y espiritual). Es la voluntad de Dios que compartamos lo que tenemos con otros de manera que la luz de nuestro ejemplo hará que otros vean nuestras buenas obras, y glorifiquen a nuestro Padre que está en los cielos (Mateo 5:16).

2 *Reparte a siete, y aun a ocho; porque no sabes el mal que vendrá sobre la tierra.*

Hemos de dar generosamente hasta donde sea posible. Muchas veces en la historia ha habido días malos sobre la tierra. De hecho, el fin de los tiempos es descrito como un día malo para muchos. Jesús dijo: Bienaventurados los misericordiosos; porque ellos alcanzarán misericordia(Mateo 5:7).

3 *Si las nubes fueren llenas de agua, sobre la tierra*

*la derramarán; y si el árbol cayere al mediodía, o al
norte, al lugar que el árbol cayere, allí quedará.*

Si somos ciudadanos del ámbito celestial, identificados con las "nubes" entonces Dios puede usarnos como una fuente de bendición para alcanzar a aquellos que están perdidos en la tierra. Las Escrituras también declaran que la vida de los hombres puede ser como un árbol (Deuteronomio 20:19). Hacia el fin de nuestra vida aquí sobre la tierra, se definirá el estado eterno de nuestra alma. Cada "árbol" caerá ya sea al "norte" o al "sur" y allí es donde permanecerá. Cada persona será ya sea salva o perdida. No hay ninguna opción intermedia.

4 *El que al viento mira, nunca sembrará; y el que
mira a las nubes, nunca segará.*

Si nos distraemos por las condiciones que nos rodean y no mantenemos nuestros ojos en el Señor, perderemos oportunidad tras oportunidad para "sembrar". Muchos cristianos están tan obsesionados "viendo el viento y las nubes", observando todos los problemas que les rodean y/o pensando que pronto serán arrebatados a los cielos que no pueden o no están dispuestos de participar en recoger la cosecha para el reino de Dios. Esta cosecha debe ser cosechada aquí sobre la tierra.

5 *Como tú no sabes cuál es el camino del espíritu,
o cómo crecen los huesos en el vientre de la mujer
encinta, así ignoras la obra de Dios, el cual hace
todas las cosas.*

Ninguno de nosotros, por nuestra cuenta, sabemos cuál es el camino del espíritu. Dios está constantemente dando a luz nuevas cosas. Él está ocupado trabajando en una nueva creación. Cada persona y todas las que han renacido por el Espíritu de Dios son parte de las obras de Dios. Dios promete dar a luz a una nación entera en un solo día, en el día del Señor (Isaías 66:7, 8). El Día del Señor está ahora sobre nosotros.

> 6 *Por la mañana siembra tu simiente, y a la tarde no dejes reposar tu mano; porque tú no sabes cuál es lo mejor, si esto o lo otro, o si ambas son igualmente buenas.*

Pablo animaba a Timoteo a estar preparado a tiempo y fuera de tiempo (2 Timoteo 4:2). Debemos estar listos para sembrar la palabra de Dios cuandoquiera que el Espíritu Santo nos apremia, nos inspira.

> 7 *Suave ciertamente es la luz, y agradable a los ojos ver el sol;*
>
> 8 *mas si el hombre viviere muchos años, y en todos ellos hubiere gozado de alegría; si después trajere a la memoria los días de las tinieblas, que serán muchos, todo lo que le habrá pasado, dirá haber sido vanidad.*

En el ámbito debajo del sol que está simbolizado por el patio exterior del templo, está la luz del sol, sin duda suave y agradable para contemplar. Sin embargo, hay que tener en cuenta que la oscuridad de la noche domina este ámbito la mitad del tiempo. Este ámbito debajo del sol de este mundo tiene muchas pruebas, tribulaciones, y males. Si usamos nuestro tiempo debajo del sol sabiamente; si buscamos a Dios temprano; si echamos nuestro pan sobre las aguas; si sembramos nuestra semilla en la mañana y en la noche; entonces tenemos la esperanza de llegar a la madurez, de haber dado buen fruto y sano para el reino de Dios, y de entrar en el reino eterno con gran gozo al momento del juicio final.

> 9 *Alégrate, joven, en tu juventud, y tome placer tu corazón en los días de tu juventud; y anda en los caminos de tu corazón, y en la vista de tus ojos; pero*

sabe, que sobre todas estas cosas te traerá Dios a juicio.

Cuando probamos nuestras "buenas" ideas, cuando leudamos las cosas de Dios de acuerdo a los caminos de nuestro corazón, a la vista de nuestros ojos pensando que le estamos haciendo un favor; Dios nos permite proceder. Podemos regocijarnos en nuestra juventud y permitir que nuestro corazón nos aplauda, pero Dios también nos traerá a juicio por todas estas cosas. Él hará la decisión final en relación a lo que es bueno y lo que es malo. Él revisará lo que hemos plantado y lo que hemos cosechado.

10 *Quita pues la tristeza de tu corazón, y aparta el mal de tu carne; porque la niñez y la juventud son vanidad.*

La manera para quitar la tristeza de nuestro corazón y apartar el mal de nuestra carne es llegar a la madurez en Cristo. La niñez espiritual simbolizada por el patio exterior del templo debajo del sol y la juventud espiritual simbolizada por el Lugar Santo del ministerio sacerdotal son vanidad. (Recuerde que ahora en la edad de la iglesia, nosotros somos el sacerdocio de todos los creyentes nacidos de nuevo). Si somos la semilla que Dios desea plantar en las vidas de aquellos alrededor nuestro, entonces es esencial que lleguemos a la madurez con el fin de que sea viable (Mateo 13:37-43).

¿Por qué?

La única manera de producir buen fruto bueno y duradero es llegar a la madurez (la misma palabra para perfección en Hebreo). Recuerde que la semilla viable se encuentra en el fruto maduro. Esta es la única manera de llegar a la plenitud de la vida de Cristo. Esta es la única manera de quitar completamente el mal de nuestra carne. El Señor Jesucristo es maduro (perfecto) y él desea gobernar y reinar en nuestros corazones.

Todo lo que el hombre logra aparte de Dios es vanidad. El

hombre aparte de Dios, no puede realizar nada de valor eterno. Dios desea trabajar en, y a través de nosotros. Dios desea un pueblo que llegue a la madurez (a perfección) porque se han rendido completamente a Jesucristo y por tanto, son movidos por él. Entonces, Dios multiplicará su pueblo y ellos dominarán por completo la tierra no por la violencia sino por el amor y la justicia de Dios.

El apóstol Pablo escribió:

2 Corintios 10

> 3 *Pues aunque andamos en la carne, no militamos según la carne.*
>
> 4 *(Porque las armas de nuestra milicia no son carnales, sino poderosas de parte de Dios para la destrucción de fortalezas);*
>
> 5 *destruyendo consejos, y toda altura que se levanta contra la ciencia de Dios, y llevando cautivo todo pensamiento a la obediencia del Cristo.*
>
> 6 *Y estando prestos para castigar a toda desobediencia, cuando vuestra obediencia fuere cumplida.*

Jesús dijo:

Mateo 5

> 48 *Sed, pues, vosotros perfectos, como vuestro Padre que está en los cielos es perfecto.*

Jesús regresará por una esposa sin mancha ni arruga, ni cosa semejante (Efesios 5:27). La esposa corporal de Cristo es una congregación que no caminará en la insensatez o la vanidad de la infancia o la juventud inmadura.

Eclesiastés 12

> 1 Y acuérdate de tu Creador en los días de tu juventud, antes que vengan los malos días, y lleguen los años, de los cuales digas: No tengo en ellos contentamiento.

Todos nosotros estamos en una línea del tiempo. Se va llegando a la vejez y finalmente morimos. Isaías escribió que de la misma manera le acontecerá a la tierra. En las Escrituras la tierra puede representar al pueblo de Dios. La Edad de la Iglesia, también la edad de la Gracia, está llegando a su fin. En el momento del fin, habrán días malos en los que todos los pecadores impíos y los moradores de la tierra, sin duda no tendrán contentamiento en ellos. El mundo está obviamente, ahora en aquellos días.

Isaías 51

> 6 Alzad a los cielos vuestros ojos, y mirad abajo a la tierra; porque los cielos serán deshechos, como humo; y la tierra se envejecerá, como ropa de vestir; y de la misma manera perecerán sus moradores; pero mi salud será para siempre, y mi justicia no perecerá.

Si hemos nacido de nuevo por el Espíritu de Dios en la vida de Jesucristo, entonces es la Jerusalén de arriba la cual es madre de todos nosotros (Gálatas 4:26). Así que, somos ciudadanos del cielo, incluso mientras seguimos andando rectamente sobre esta tierra en el poder vencedor del Espíritu Santo. Entonces, no tendremos que temer los justos juicios de Dios sobre la tierra, porque él nunca destruye al justo con el impío (Génesis 18:23-32).

Eclesiastés 12

> 1 Y acuérdate de tu Creador en los días de tu juventud, antes que vengan los malos días, y lleguen

los años, de los cuales digas: No tengo en ellos contentamiento.

2 Antes que se oscurezca el sol, y la luz, y la luna y las estrellas, y vuelven las nubes tras la lluvia;

Pronto vendrá el tiempo cuando el ámbito debajo del sol será juzgado y cada persona segará lo que ha sembrado (Gálatas 6:7-10). La luz de este mundo se apagará. La luna, símbolo del pueblo de Dios (Israel y la Iglesia) también serán oscurecidos para aquellos que han estado reflejando la luz del sol de ese mundo en vez de reflejar la luz de Dios. Por tanto, cuando el sol se oscurezca, ellos serán oscurecidos. Las estrellas, símbolo de aquellos que tienen dones y ministerios de Dios, también serán oscurecidos porque el tiempo para esto está terminando. Las lámparas de las vírgenes necias se apagarán. Solamente aquellos que están unidos al Señor Jesús apropiadamente estarán escondidos en Cristo. Joel escribió concerniente a ese día:

Joel 3

15 El sol y la luna se oscurecerán, y las estrellas retraerán su resplandor.

16 Y el SEÑOR bramará desde Sion, y dará su voz desde Jerusalén, y temblarán los cielos y la tierra; más el SEÑOR será la esperanza de su pueblo, y la fortaleza de los hijos de Israel.

Jesús mencionó lo mismo:

Mateo 24

29 Y luego, después de la tribulación de aquellos días, el sol se oscurecerá, y la luna no dará su lumbre, y las estrellas caerán del cielo, y las virtudes de los cielos serán conmovidas.

Marcos 13

> 24 *Pero en aquellos días, después de aquella aflicción, el sol se oscurecerá, y la luna no dará su resplandor.*
>
> 25 *Y las estrellas caerán del cielo, y las virtudes que están en los cielos serán conmovidas;*
>
> 26 *y entonces verán al Hijo del hombre, que vendrá en las nubes con mucha potestad y gloria.*

Esto es cuando el predicador dice que las nubes regresan después de la lluvia. Esto está fijado para el regreso de Jesucristo.

Eclesiastés 12

> 2 *Antes que se oscurezca el sol, y la luz, y la luna y las estrellas, y vuelven las nubes tras la lluvia;*
>
> 3 *cuando temblarán los guardas de la casa, y se encorvarán los hombres fuertes, y cesarán las muelas, porque han disminuido, y se oscurecerán los que miran por las ventanas;*

¿Quiénes son los guardianes de la casa?

Ezequiel los describe como los sacerdotes que condujeron a Israel por mal camino. Entonces no les será concedido el que se acerquen para ministrar en la presencia del Señor (Ezequiel 44:10-14). Jesús los describe como hipócritas porque cierran el Reino de los cielos delante de los hombres; que ni entran, ni a los que están entrando dejan entrar (Mateo 23:13).

¿Quiénes son los hombres fuertes?

Aquellos que tratan de agradar a Dios intentando guardar sus mandamientos en sus propias fuerzas en lugar de tener el poder interior y la presencia del Espíritu Santo.

¿Quiénes son las muelas?

Ellos eran los esclavos que molían el grano con la piedra del molino. Hay muchos líderes y ministros, que trabajan por días para moler su mensaje del domingo por la mañana mientras que ellos continúan siendo esclavos de la carne, del mundo, y en última instancia del Diablo. Donde hay aquel Espíritu del Señor, allí hay libertad (2 Corintios 3:17) y la palabra de Dios fluye libremente.

¿Quiénes son los que miran por las ventanas que se oscurecerán?

Son aquellos que se han encerrado en las fortalezas de la religión hechas por el hombre.

> 4 *y las puertas de afuera se cerrarán, por la bajeza de la voz de la muela; y se levantará a la voz del ave, y todas Las hijas de canción serán humilladas;*

La voz de la muela es tan baja en muchas instituciones religiosas que ellas terminan cerrando sus puertas. Muchas catedrales y edificios de iglesias están cerradas o en ruinas o han llegado a convertirse en museos virtuales. Esta tendencia ha dominado a gran parte de Europa y Norteamérica no se queda mucho atrás. El profeta Sofonías dijo lo siguiente: ... el onocrótalo también y el erizo dormirán en sus umbrales; su voz cantará en las ventanas; y asolación será en las puertas, porque su enmaderamiento de cedro será descubierto (Sofonías 2:14). Las "obras de cedro" de las obras muertas de la religión humanística estarán al descubierto como lo que son.

¿Quiénes son las hijas de la canción?

Ellos son los cantores del templo. He aquí un pasaje paralelo: Y los cantores del templo aullarán en aquel día, dijo el Señor

DIOS; los cuerpos muertos serán aumentados en todo lugar echados en silencio (Amós 8:3).

Continúa el predicador:

Eclesiastés 12

> 5 *cuando también temerán de lo alto, y los tropezones en el camino; y florecerá el almendro, y se cargará la langosta, y se perderá el apetito; porque el hombre va a la casa de su siglo, y los endechadores andarán en derredor por la plaza.*

¿Por qué temerán de lo alto?

Aquí hay una vista de la misma escena descrita por el Apóstol Juan:

Apocalipsis 6

> 12 *Y miré cuando él hubo abierto el sexto sello, y he aquí fue hecho un gran terremoto; y el sol se puso negro como un saco de cilicio, y la luna fue hecha toda como sangre.*

> 13 *Y las estrellas del cielo cayeron sobre la tierra; como la higuera echa sus higos cuando es movida de gran viento.*

> 14 *Y el cielo se apartó como un libro que es envuelto; y todo monte e islas fueron movidas de sus lugares.*

> 15 *Y los reyes de la tierra, y los príncipes, y los ricos, y los capitanes, y los fuertes, y todo siervo y todo libre, se escondieron en las cuevas y entre las piedras de los montes;*

> 16 *y decían a los montes y a las piedras: Caed sobre*

nosotros, y escondednos de la cara de aquel que está sentado sobre el trono, y de la ira del Cordero;

17 porque el gran día de su ira es venido, ¿y quién podrá estar delante de él?

¿Cuál es el almendro que florecerá?

La vara de Aarón había brotado durante la noche y produjo almendras, demostrando que él era el sumo sacerdote aprobado por Dios (Números 17:8). Jesús es nombrado por Dios Sumo Sacerdote, según el orden de Melquisedec (Hebreos 5:10). En el inminente retorno de Jesucristo, el almendro de la vara de sus justos juicios, florecerá.

¿Qué son el saltamontes o la langosta que será una carga y cuál apetito se perderá?

Las langostas fue una de las plagas de Egipto. También están descritas por el profeta Joel y vienen a ser parte de los juicios del día del Señor (Joel 1:4). Hay una descripción vívida del apóstol Juan acerca de las langostas que atormentarán a aquellos que no tienen la señal de Dios en sus frentes (Apocalipsis 9:3-6).

Hay tres etapas a la Palabra de Dios que están simbolizadas en una de las parábolas de Jesús porque primero es la hoja (o hierba), luego la espiga, después el grano lleno en la espiga (Marcos 4:28). El hombre natural es comparado en las Escrituras a una bestia que come hierba (Daniel 4:16, 25; Salmo 73:22; Eclesiastés 3:19). En el día del Señor cuando Dios envíe en "las langostas" la provisión para aquellos cristianos que reconocen ser carnales y quienes se engordan ellos mismos en la letra de la Palabra como vacas en un prado serán removidos y por tanto su apetito se perderá.

¿Dónde está la casa de su siglo

para el hombre natural?
Este es el Seol (Hades), la primera muerte que puede matar el cuerpo, pero no el alma (Mateo 10:28). Muy distinto en las Escrituras de la segunda muerte, la cual es el lago de fuego (el verdadero infierno), preparado para el juicio final del Diablo y sus seguidores. En el juicio final, el Hades debe entregar a sus muertos para que ellos sean juzgados según sus obras (Apocalipsis 20:13, 14).

Antes de la obra de redención de Jesús (por su vida sin pecado, muerte y resurrección) Satanás mantenía las almas prácticamente de todos los que habían muerto, incluyendo a Abraham y los patriarcas, en el Hades o Seol (también conocido como el pozo sin fondo o abismo). Esto es claro en la parábola del hombre rico y Lázaro (Lucas 16:22-26). En ese tiempo el Hades tenía dos compartimentos con una gran sima constituida entre ellos y era posible para Abraham y Lázaro de un lado comunicarse con el hombre rico quien estaba en tormento del otro lado.

Después de su muerte, Jesús descendió al Hades, la primera muerte (no el lago de fuego o la segunda muerte) y subiendo a lo alto, llevó cautiva la cautividad para liberar a los que eran suyos y ascender a lo alto (Efesios 4:8-10). Jesús le arrebató las llaves del Hades al Diablo (Apocalipsis 1:18). Después del regreso de Jesús, e inmediatamente antes a su reino en la tierra por mil años con los que toman parte en la primera resurrección, el Diablo será atado en el mismo abismo sin fondo por mil años. (Apocalipsis 20:1-3).

¿Por qué los endechadores andarán por las calles de un lado al otro?
Cuando Jesús regrese él limpiará su propia casa primero. Esto es lo que él advierte que sucederá:

Lucas 12

> 45 *Mas si el tal siervo dijere en su corazón: Mi señor tarda en venir; y comenzare a herir a los siervos y a las criadas, y a comer y a beber y a embriagarse;*
>
> 46 *vendrá el señor de aquel siervo el día que él no espera, y a la hora que él no sabe, y le apartará, y pondrá su parte con los infieles.*

Salomón concluyendo su sermón, y bajo la unción del Espíritu Santo, no está solo predicando a todos los jóvenes que nacerían en los próximos tres mil años, él está dando una advertencia profética y un detallado cuadro simbólico de lo que sucederá inmediatamente antes y en la segunda venida del Señor Jesucristo.

Eclesiastés 12

> 5 *cuando también temerán de lo alto, y los tropezones en el camino; y florecerá el almendro, y se cargará la langosta, y se perderá el apetito; porque el hombre va a la casa de su siglo, y los endechadores andarán en derredor por la plaza.*
>
> 6 *Antes que la cadena de plata se quiebre, y se rompa el cuenco de oro, y el cántaro se quiebre junto a la fuente, y la rueda sea rota sobre el pozo;*

¿Qué es la cadena de plata?

Después de toda la idolatría en que Salomón estuvo involucrado con sus esposas paganas, Salomón sabía muy bien qué era eso. Aquí está otra Escritura que arroja alguna luz sobre esto:

Isaías 40

> 18 *¿A qué, pues, haréis semejante a Dios, o qué imagen le compondréis?*

19 *El artífice apareja la imagen de talla; el platero le extiende el oro, y el platero le funde cadenas de plata.*

La plata es símbolo de la redención, pero la plata también puede ser empañada; por esto es que somos exhortados a tomar la debida diligencia para hacer firme nuestra vocación y elección (2 Pedro 1:10). Una cadena puede simbolizar atadura. Por tanto, los ídolos paganos tenían cadenas de plata. Esto es lo que sucede con la idolatría en cualquiera de sus muchas formas. Samuel le dijo al rey Saúl: porque la rebelión es pecado de hechicería, e iniquidad e idolatría el quebrantar la palabra de Dios (1 Samuel 15:23).

Salomón encontró en la forma más dura y penosa que tarde o temprano la "cadena de plata" se quebraría y los ídolos no serían capaces de proteger a nadie.

¿Qué es el cuenco de oro?

El Apóstol Juan vio siete copas de oro, llenas de la ira de Dios (Apocalipsis 15:7). La palabra, copas, significa que estos fueron cuencos que tenían que ser quebrados para que los juicios finales de Dios se derramen sobre la tierra. Una vez que el cuenco de oro se rompa, no hay más oportunidad para los obradores de iniquidad de rectificar su comportamiento.

¿Qué es que el cántaro se quiebre junto a la fuente?

El cántaro se utiliza principalmente para sacar agua del pozo o la fuente (Génesis 24:18-20). Jesús le dijo a la mujer junto al pozo que él podría darle del agua viva. Si el cántaro se quiebra junto a la fuente, significa que la persona ha pecado más allá de su día de gracia. Su oportunidad ya pasó. Esto fue lo que sucedió con Judas. Cuando él finalmente intentó arrepentirse, ya era demasiado tarde.

¿Qué es que la rueda sea rota sobre el pozo?

La cisterna era un pozo profundo y la rueda era la polea que hacía posible que la persona usara una cuerda larga para tener acceso al agua. Si la rueda estaba quebrada no había acceso al agua que es indispensable para la vida.

> 7 *Y el polvo se torne a la tierra, como era antes, y el espíritu se vuelva a Dios que lo dio.*

Dios formó al hombre del polvo de la tierra y sopló en su nariz el aliento de vida (Génesis 2:7). La palabra aliento, es lo mismo que la palabra, espíritu, en Hebreo. Tenemos una cantidad limitada de tiempo aquí debajo del sol que debemos usarlo sabiamente. De lo contrario regresaremos al polvo de la tierra y el espíritu (o aliento) que estaba en nosotros regresará a Dios. Y de la manera que está establecido a los hombres, que mueran una vez; y después, el juicio (Hebreos 9:27). Si el árbol cayere al norte o al sur, al lugar donde cayere allí es donde se quedará.

> 8 *Vanidad de vanidades, dijo el Predicador, todo vanidad.*

> 9 *Y cuanto más sabio fue el Predicador, tanto más enseñó sabiduría al pueblo; e hizo escuchar, e hizo escudriñar, y compuso muchos proverbios.*

> 10 *Procuró el Predicador hallar palabras de voluntad, y escritura recta, palabras de verdad.*

El verdadero Predicador detrás de todo esto es el Señor. Salomón fue inspirado por el Espíritu de Dios para escribir este sermón y las Escrituras declaran que el Señor es el Espíritu (2 Corintios 3:17).

> 11 *Las palabras de los sabios son como aguijones*

y como clavos hincados, las de los maestros de las congregaciones, puestas por debajo de un Pastor.

El Señor Jesucristo es el único Pastor y todos los maestros de las congregaciones son colocados bajo su autoridad y supervisión.

12 Hijo mío, a más de esto, sé avisado. No hay fin de hacer muchos libros; y el mucho estudio es aflicción de la carne.

13 El fin de todo sermón es oído: Teme a Dios, y guarda sus mandamientos; porque esto es toda la felicidad del hombre.

14 Porque Dios traerá toda obra a juicio, el cual se hará sobre toda cosa oculta, buena o mala.

Oremos:

Señor:

Pedimos mayor claridad, pues tú iluminas nuestros corazones. Que tengamos el enfoque correcto. Que tu obra de limpieza en nuestros corazones aclare nuestra visión de modo que podamos ver las cosas desde tu perspectiva. Que podamos ver tus metas. Que podamos desear caminar en tus caminos. Que podamos llegar victoriosos a la meta final de la carrera que esta puesta delante de nosotros y sin desviarnos detrás de las cosas de este mundo. Amén.

Epílogo

El Señor está tocando y despertando a su pueblo sobre el mundo entero. Esto ha estado sucediendo en las remotas y montañas selvas de Colombia en medio de la agitación de una guerra civil que duró más de medio siglo.

Mi amigo octogenario, Buddy Cobb, compartió algunos pensamientos en una convención en el departamento oriental del Caquetá en Colombia, después de una ausencia de veinticinco años debido a toda la violencia:

"Estamos acercándonos cada vez más y más al tiempo cuando el Señor regresará. Muchas personas de la iglesia están esperando ansiosamente la segunda venida de Jesús, pero Jesús está esperando que su pueblo regrese a él a la fiesta de las bodas.

El pueblo de Dios desea que el Señor resuelva sus problemas llevándoselos para estar con él, pero Dios dice que si nos volvemos a él, que él se volverá a nosotros.

Jesús habló acerca de esto en parábolas. Una de estas fue acerca de las diez vírgenes. Todas ellas tenían lámparas, pero en el momento del regreso del esposo todas las vírgenes estaban dormidas. Las vírgenes fatuas estaban dormidas y también las vírgenes prudentes.

Cuando todas ellas despertaron de su somnolencia las necias descubrieron que sus lámparas se estaban apagando por falta de aceite. Mientras ellas fueron a buscar el aceite necesario el esposo vino y solamente las sabias pudieron entrar con él".

Muchas personas entre el pueblo de Dios (incluso aquellos que podían ser catalogados como vírgenes "prudentes") están espiritualmente dormidas y necesitan ser despertadas.

En la parábola de Jesús todas las vírgenes se durmieron (Mateo 25:1-5).

La mayoría del pueblo de Dios (en las congregaciones de la iglesia y de Israel) están adormecidos en el sentido de que de que están completamente inconscientes de lo avanzado de la hora y la urgencia que hay sobre nosotros. La hora es ahora sobre nosotros, cuando muchos serán bruscamente despertados de su somnolencia espiritual. Solamente los que tienen una relación directa y personal con la fuente del aceite (unción) podrán entrar en la plenitud de los propósitos de Dios mientras el regreso del Señor llega a ser inminente.

Buddy Cobb también dijo:

"Hoy en día, muchos cristianos son como los árboles de Navidad. Hay mucho brillo, luces, dones, pero tienen un grave problema; su árbol está cortado y no tiene raíces. Ellos nunca producirán buen fruto".

Jesús dijo que él es la vid y nosotros los pámpanos. Sin él nada podemos hacer. Si permanecemos en él, llevaremos mucho fruto (Juan 15:1-8).

Las apariencias pueden ser engañosas. Esto no se trata de un vocabulario, o el ritual religioso o incluso de los dones. Si no estamos conectados a él, nunca produciremos el fruto del Espíritu Santo, el fruto de su justicia.

Jesús dijo: Así que, por sus frutos los conoceréis (Mateo 7:20).

Cuando él regrese, él inmediatamente tratará con aquellos que están dando mal fruto en su nombre. Cuando él estuvo aquí la primera vez, maldijo la higuera que no dio fruto. Esta vez, él juzgará rápidamente a los cristianos solo de nombre que no están dando buen fruto o cuyo fruto es amargo.

En las palabras inspiradas de Salomón:

Cantar de los Cantares 6

> 11 *Al huerto de los nogales descendí a ver los frutos del valle, y para ver si florecían las vides, si florecían los granados.*
>
> 12 *No sé; mi alma me ha hecho devolver como los carros de Aminadab.*

Cuando Jesús es consciente del fruto perfecto producido por una novia sin mancha ni arruga ni cosa semejante, entonces él regresará.

Ahora es el tiempo de regresar al Señor y buscarlo con todo nuestro corazón.

Martín Stendal
La Habana
Marzo, 2016

Sobre el Autor

Martín Stendal, es un ex-rehén de la guerrilla colombiana. Ha sido misionero durante toda su vida en las selvas de Colombia. Martín, va a donde el Señor lo guíe, ya sea para hablar con un presidente o entrar al interior de la selva para ayudar a los que se encuentran en problemas. Martin tambien es el editor de La Biblia de el Jubileo 2000 que nace de los manuscritos de la Reformacion.

Puedes encontrar mas libros de Martin Stendal en todas las plataformas de ventas de libros y libros electronicos.

Para escuchar mas podcasts y mensajes de Martin Stendal lo puedes encontrar en cualquier pagina de streaming de podcasts como Spotify: https://open.spotify.com/show/0dXGEr2HjI4DtWs64eVsoq?si=0vdo4VI8SZ-QQIwCROYICQ

Y tambien Podbean en https://podcastscpc.podbean.com

Made in United States
Orlando, FL
06 July 2025